José:

Un soñador incomprendido

ISBN 978-1-4336-8966-6

B&H Publishing Group
Nashville, Tennessee 37234
www.BHespanol.com

Clasificación decimal Dewey: C221.92
Clasifíquese: José, hijo de Isaac / Biblia, Antiguo Testamento, Génesis - el estudio y la enseñanza / Biblia, Antiguo Testamento - biografía

Diseño, diagramación e ilustración tapa:
Tomás Pablo Owen y Enrique Campdepadrós

Impreso en January 2016 en Heshan, Guangdong, China
1 2 3 4 * 19 18 17 16

ÍNDICE

Capítulo 1

Cosas difíciles de explicar

¿Alguna vez te ha pasado que no puedes entender ni explicar una situación? Precisamente así me siento yo, ahora que me senté para contarte lo que acaba de suceder en mi familia. Cuando uno cree que las cosas van a ser de una manera y no sucede así, eso resulta muy difícil de explicar.

Por ejemplo, cuando llueve pero al mismo tiempo hay sol. O cuando lloramos de alegría. O cuando Mamá nos pide que le regalemos a un chico pobre el mejor juguete que tenemos y nos dice: «Cuando veas cómo le brilla de alegría el rostro, no te va a doler más». Claro, al principio nos duele regalar nuestro juguete preferido, pero cuando vemos la emoción, la sorpresa y la alegría desbordante del otro chico, entonces también nos podemos sentir muy contentos. Lo mismo que llorar de alegría, como dije antes.

De todas maneras sigue siendo difícil de explicar.

Acabamos de tener una reunión familiar. Mi papá, Jacob, nos llamó a todos, los doce hermanos varones de la familia, y nos dijo que quería contarnos lo que nos pasará en el futuro.

Papá ya tiene 147 años y sabe que no le queda mucho tiempo; así que todos pensamos que posiblemente serían sus últimas palabras. Nos reunimos alrededor de su cama y, en forma individual, nos habló con sabiduría.

Todos nos dimos cuenta de que no eran palabras de un ser humano. Eran palabras dadas por alguien mucho más grande y poderoso, porque nadie sabe lo que va a pasar mañana.

Bastaba con mirar los rostros de mis hermanos para comprender que las palabras de Papá habían causado

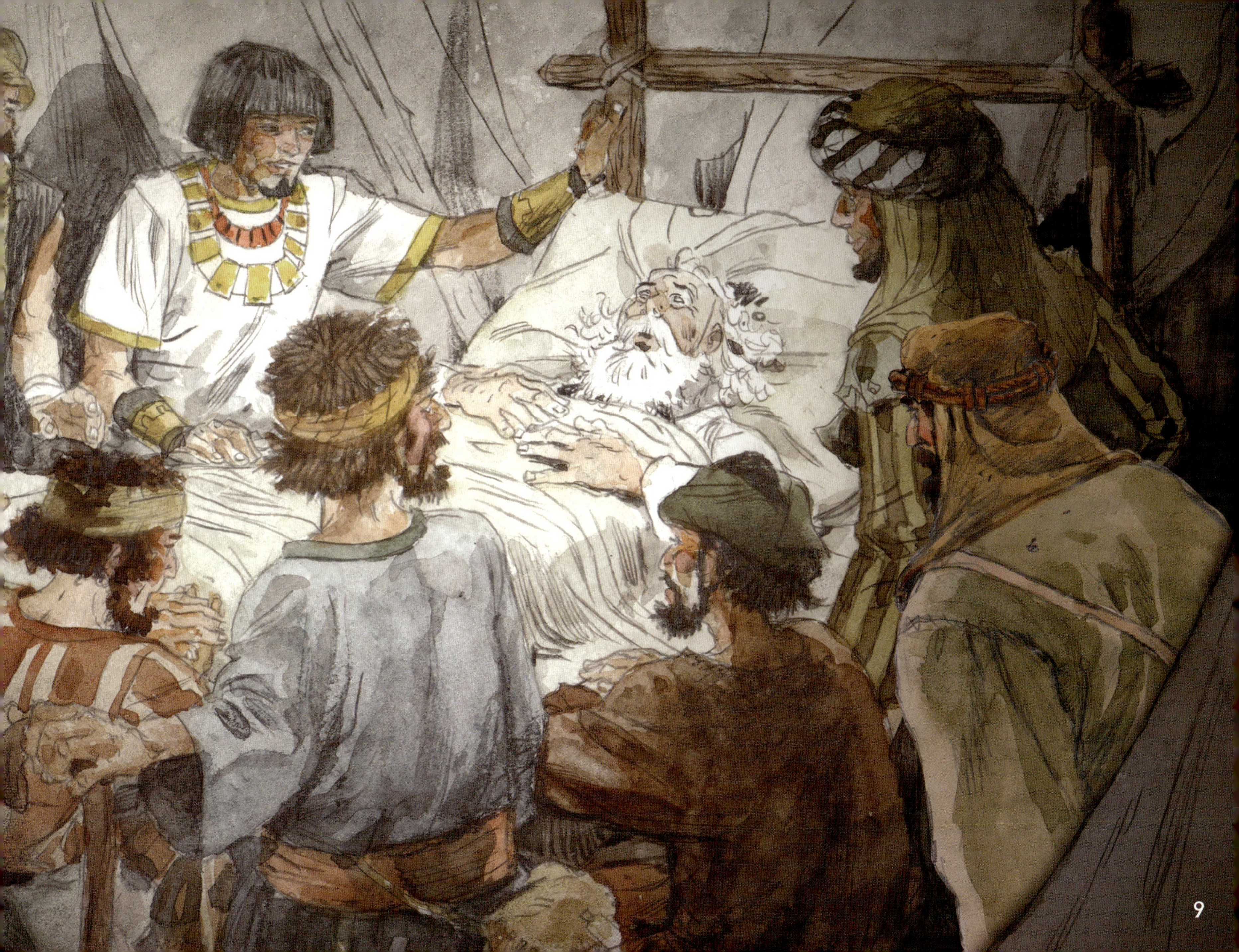

un impacto inesperado y sorpresivo en la mayoría de ellos. Hubo muy pocas sonrisas al final de su discurso.

A cada uno le tocó el turno, y Papá nos dijo tanto cosas buenas como malas. ¿Hubo justicia en el reparto de las bendiciones y las maldiciones? Ahora no es muy importante pensar en eso, porque nadie puede cambiar las palabras de Papá antes de morir. Esto siempre fue así; papá Jacob es así, y el abuelo Isaac era así. Una vez dada la palabra, no había vuelta atrás. Definitivo y punto.

Lo cierto es que yo fui uno de los pocos bendecidos. Y ahora, después de tantos años, puedo ver cómo se completó todo el plan que Dios tenía al darme esos dos sueños cuando era apenas un adolescente.

Bueno, volvamos a nuestra historia. Estábamos todos en familia, rodeando a Papá, que estaba acostado, pero el único vestido diferente era yo. Soy hebreo como todos ellos, pero estaba vestido como el gobernador de Egipto. Sin embargo, eso define lo que hago, pero no lo que soy.

Ahora comprendo que soy parte del plan de Dios para salvar a toda mi familia, así como a todo Egipto y muchos otros pueblos también; solamente soy un pequeño instrumento en las manos del gran Dios de amor. Pero la verdad es que no siempre fui así, y por mi orgullo ciego y vanidad me pasaron cosas terribles. Así fue como llegué a Egipto… lo cual es parte de lo que dije antes, que resulta difícil de explicar.

Ahora entiendo que Dios tiene el control de todas las cosas y lo que dice siempre se cumple, aunque sea muchos años después y aunque no nos diga cómo ni cuándo será; siempre es para algo mejor. Dios nunca falta a Su palabra. Entonces, mi historia en realidad no se trata de mí, sino de cuánto Dios me ama a mí y a mi familia. Y también a ti, porque Dios no tiene preferidos, aunque en esta historia, mi papá cometió un error grave que ningún padre debe cometer: tener preferencias entre sus hijos.

Sin embargo, gracias a ese error de Papá, esta historia cambió el destino de la humanidad para bien. ¡La tuya también! Así que, a partir de aquí, voy a contarte mi historia y por qué toda mi familia se encuentra hoy en Egipto en lugar de estar en la tierra prometida.

CAPÍTULO 2

En el país de los sueños

Nunca me llevé bien con mis hermanos. Con ninguno... bueno, salvo Benjamín. Creo que el problema empezó cuando nací; pero cuando uno es un bebé, es difícil darse cuenta.

Todos mis hermanos son mayores que yo; excepto Benjamín, por supuesto. Nosotros dos somos hijos de la misma madre, que se llamaba Raquel. Seis de los otros diez hermanos son hijos de mi tía Lea, la hermana mayor de mi mamá. Después, dos hermanos son hijos de la esclava de mi tía Lea, llamada Zilpa, y los otros dos son hijos de la esclava de mi mamá, Bilha. Todos somos hijos de mi papá Jacob. Esta es mi familia.

Los quiero muchísimo a todos, pero es una familia muy, muy especial. Estuvo llena de problemas y tiene una larga historia de engaños. Primero, mi papá Jacob y la abuela Rebeca engañaron a mi tío Esaú para que el abuelo Isaac le diera la bendición especial del primogénito a Papá, que no le correspondía. Por eso, tuvo que huir y esconderse entre los familiares de la abuela Rebeca. Allí, Papá se enamoró de Mamá y, para que pudieran casarse, como era costumbre en ese tiempo, Papá trabajó siete años para el abuelo Labán, el papá de Mamá.

Sin embargo, el abuelo Labán engañó a Papá y, en lugar de darle a Mamá en la noche de bodas, le dio a mi tía Lea. Cuando Papá se despertó, hubo un gran alboroto. ¿Cómo terminó la cosa? Papá tuvo que trabajar otros siete años para casarse con Mamá.

Pasaron los años y Papá tuvo un encuentro con Dios que transformó su vida por completo. Hasta recibió un nombre nuevo: Israel. Papá comenzó a ser un hombre diferente y muchas cosas cambiaron. Por ejemplo, cuando volvimos a Canaán, lo primero que hizo fue reconciliarse con el tío Esaú.

Pero eso no significa que fuera perfecto.

Nos establecimos en la tierra de Canaán. Papá se hizo rico; tenía tierras y mucho ganado, pero seguíamos viviendo en tiendas, porque era la única manera de poder llevarnos la casa con nosotros.

Cuando cumplí 17 años, trabajaba cuidando algunos de los rebaños de Papá. En mi equipo de trabajo, también estaban mis hermanos Dan, Neftalí, Gad y Aser, los hijos de las esclavas Bilha y Zilpa. Pero estos cuatro hermanos tenían una fama terrible; siempre estaban metiéndose en peleas y en problemas.

Yo sentía que era mi responsabilidad contarle todas estas cosas a Papá. Por supuesto, mis hermanos no tardaron en darse cuenta de quién contaba sus travesuras. Muy pronto, empezaron a llamarme espía, delator y chismoso.

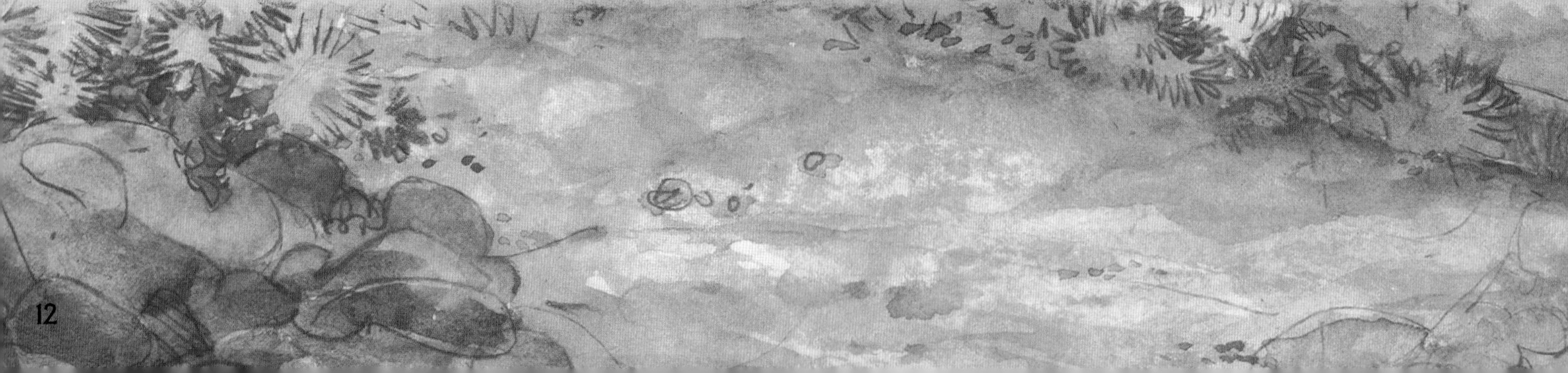

Pero lo peor era que Papá no disimulaba para nada su preferencia por mí. Claro, por un lado, yo me sentía muy bien, sabiendo que tenía algunos privilegios que mis hermanos envidiaban. Además, sabía que tenía una protección superior y que era casi intocable.

Un día, Papá me regaló una túnica hermosa, muy especial. Era de la mejor lana que teníamos; la habían peinado tanto que era suave como la seda y había sido teñida con franjas de diferentes colores, como un arcoíris. Era algo impresionante.

Al ver esta expresión de la preferencia de Papá, mis hermanos no aguantaron más. A partir de ese día, no ocultaron su odio ni dejaron de insultarme.

¿Pueden imaginarse lo que era ir a trabajar con mis hermanos todos los días? Para evitarlos, buscaba todo tipo de excusas e inventaba otras obligaciones para no tener que ir con ellos. Sin embargo, no me daba cuenta de que solo pensaba en mí.

El colmo fue que una noche tuve un sueño muy extraño. Era un mensaje de Dios, como si me anunciara lo que iba a suceder, para que lo recordara. Pero en ese momento, no lo entendí así.

En el sueño, mis hermanos y yo estábamos en el campo y cada uno había hecho un fardo con el forraje para el ganado. Luego, los fardos cobraban vida y los de mis hermanos rodeaban mi fardo y se inclinaban haciendo reverencias.

Estaba tan emocionado que, ni bien me encontré con mis hermanos, no aguanté y les conté el sueño. ¡Para qué...! Casi me comen vivo. Mejor dicho, casi me matan. No me di cuenta, pero fue como echarle leña al fuego. Ahora pensaban que yo me burlaba de ellos diciendo que era superior.

Ustedes estarán pensando: *¡Qué manera de meter la pata!* Y sí... tienen razón. ¿Pero creen que aprendí la lección y cerré la boca? Bueno...

Pasaron algunos días y volví a tener otro sueño. Esta vez, yo estaba en el centro de la escena y el sol, la luna y once estrellas se inclinaban y me hacían reverencias. No me resultó difícil suponer que las once estrellas eran mis hermanos; pero no podía entender qué hacían allí el sol y la luna.

Esta vez, no solo les conté a mis hermanos el sueño; también fui a la tienda de Papá y se lo conté. Papá interpretó que él y Mamá eran el sol y la luna; y estuvo de acuerdo conmigo en que las once estrellas eran mis hermanos. Se puso como loco y dijo que no esperara nunca que toda la familia se inclinara ante mí.

A partir de ese momento, mis hermanos comenzaron a llamarme «el soñador» y «el pobre iluso».

Por supuesto, nunca más mencioné mis sueños; a nadie. Sin embargo, el recuerdo de esos dos sueños me seguía todas las noches, no me dejaba. Pero ¿con quién podía conversarlo y a quién podía pedir consejos? Ya nadie quería estar a mi lado. Me convertí en un solitario. El único que seguía amándome como siempre era Papá.

Como él se dio cuenta de la tensión que yo había creado en la familia, me mantuvo cerca durante un tiempo para evitar más conflictos. Claro, también conocía el carácter de mis hermanos.

En esa época del año, las pasturas cercanas no crecían por falta de lluvia. Entonces, mis hermanos tuvieron que llevar los rebaños a pastar a Siquem, bastante lejos de casa. Ya se habían ido hacía muchos días y Papá estaba inquieto por la falta de noticias de ellos y los rebaños.

«José, quiero que vayas a Siquem y veas cómo están tus hermanos. Tráeme noticias sobre cómo están las cosas con los rebaños y si les hace falta algo a tus hermanos», fueron las instrucciones de Papá.

Cuando llegué a Siquem, donde supuse que estarían mis hermanos, no encontré a nadie. Seguí los rastros hasta encontrarlos cerca de Dotán.

Todavía estaba lejos del campamento, pero ellos me vieron y se dieron cuenta enseguida de que era yo. Claro, ¿cuántas túnicas como la mía había en esta parte del mundo? Mi túnica me delataba en una multitud.

*****

—Allí viene el soñador —comenzaron a mofarse.

—Salió el arcoíris sin que llueva —se burlaron.

—El espía viene disfrazado para que no lo reconozcamos —dijo uno de ellos, riendo y escondiéndose detrás de su cayado de pastor para que no lo vieran los demás.

—Matemos al soplón y terminemos con este payaso —resolvieron.

—Sí, y después podemos arrojarlo en una de esas cisternas vacías. Allí nadie lo encontrará y se pudrirá. Le podemos decir a Papá que se lo comió un animal salvaje —sugirió alguno.

—¡Eso, el fin de los sueños de fardos y estrellas que hacen reverencias! —se rieron.

—No, no, un momento —acotó Rubén—. No derramemos sangre. Solamente lancémoslo en la cisterna. Morirá igual, pero no será por nuestra mano. Así no tendremos culpa —sugirió mientras buscaba una forma de sacar a José en secreto más tarde y devolverlo a casa.

—Bueno, está bien. Con tal de que se terminen los chismes y los sueños de grandeza —acordaron finalmente todos. El plan estaba en marcha.

✯✯✯✯✯

Cuando llegué a donde estaban, no pude ni siquiera saludarlos. Me saltaron encima como hace una jauría de lobos hambrientos, me arrancaron el regalo de Papá y me llevaron semidesnudo a una cisterna profunda, donde me arrojaron. Por más que grité, pataleé y los amenacé con decirle todo a Papá, nada… Nada los haría cambiar de opinión.

Eran mis hermanos. ¿Cómo podían tratarme así? Los golpes de la caída, los raspones que me había hecho contra las piedras ásperas y el dolor de espalda por haber aterrizado en el fondo oscuro y maloliente de la cisterna no dolían tanto como darme cuenta de que mis hermanos me odiaban lo suficiente como para tratar de matarme.

Ya no podía escuchar sus voces. Arriba se hizo oscuro, y comprendí que estaba en un problema muy serio. Estaba solo, sediento después de caminar todo el día y me moría de hambre. Estaba lastimado por todos lados, me habían abandonado mis hermanos que me deseaban muerto y sabía que no le dirían la verdad a Papá. Casi no tenía aire; estaba en el fondo de una cisterna y no había forma de salir. En pocas palabras, era hombre muerto…

Era la hora de gloria del enemigo de Dios; de ese Dios que todos mis hermanos sabían que hablaba con Papá, que habló con el abuelo Isaac y con el bisabuelo Abraham. ¡Cómo estaría celebrando!

«¿Y ahora qué será de los sueños del soplón?», se reían mis hermanos a la luz de la fogata.

«¿Y ahora qué pasará con los sueños que tuve?», me preguntaba yo en el fondo de la cisterna.

✯✯✯✯✯

«¡Miren, una caravana de mercaderes! —gritó Judá, mientras seguían las celebraciones—. Vendamos a José como esclavo y así no tendremos que cargar con la culpa de la muerte del soñador».

Entonces, se pararon en el camino para hablar con los ismaelitas de la caravana.

«Buenas noches, respetables comerciantes —Judá comenzó la conversación—. Queremos hacerles una oferta que seguramente les resultará sumamente provechosa».

Se adelantó el líder de la caravana, quien se identificó como Onuris, un madianita. Se bajó de su camello y, al buen estilo de regateo de la oferta comercial propio de esta parte del mundo, se sentó al borde del camino e invitó a Judá a hacer lo mismo.

Conversaron del tiempo, de la economía, de las cosechas, de las familias y de todo un poco. Era la forma de probar la paciencia, de conocer las fortalezas y las debilidades de negociador de una y otra parte. Hasta que, por fin, se dispusieron a hablar de negocios.

«Honorable Onuris, me has confirmado que eres un gran conocedor de las buenas oportunidades y de lo que es buena y fina mercadería, así que, como te dije, lo que queremos ofrecerte hoy es un esclavo joven, de apenas 17 años, sumamente inteligente, que ha llevado los negocios y la fortuna de su padre desde

pequeño, sabe administrar, sabe de números y nunca se ha enredado con mujeres ni es dado a la bebida. Es completamente sano; una rara pieza que te dará grandes ganancias en cualquier mercado de esclavos. Si te interesa, podemos dejártelo por 30 monedas de plata. Menos imposible, porque podrás doblar el precio en la venta. Conociendo tus habilidades de negociador, no me sorprendería en absoluto si sacas mayores ganancias aún. ¡Eres muy hábil!», dijo Judá, terminando su discurso mientras pensaba que Onuris no podría resistirse a su adulación.

Onuris permaneció inmóvil durante todo el discurso de Judá y siguió inmóvil y en completo silencio durante un rato muy, muy largo; tanto que Judá comenzó a transpirar de nervios. Onuris vio las gotas de sudor en la frente de Judá y seguramente pensó: «Te tengo, hebreo pulgoso, te pusiste nervioso. Ahora sé que puedo hacerte una oferta y no la vas a rechazar».

Sin embargo, no se movió ni dijo nada por un rato. Disfrutaba de su victoria y la estaba estirando lo más que podía. No importaba si estaba oscuro ya.

«Traigan al esclavo. Quiero estudiarlo», dijo pausadamente Onuris, sin hacer inflexiones en la voz. Casi no se le pudo escuchar.

*****

Mis hermanos fueron a la cisterna con antorchas y una soga larga. Tenían agua y una túnica, que no era la mía, por supuesto, para envolverme. Cuando me sacaron, me lavaron, me dieron a beber un poco de agua y me envolvieron en la túnica sucia de uno de los pastores, ¡que nunca se había lavado! Ninguno de ellos me dirigió la palabra.

Me empujaron al centro de la conversación donde estaban enfrentados Onuris y Judá. Onuris se puso de pie y lentamente me revisó de arriba abajo. Me di cuenta de lo que estaba pasando y miré los rostros de mis hermanos. Uno por uno, bajaron la mirada para no encontrarse con mis ojos. Judá ni siquiera me miró.

Onuris volvió a sentarse frente a Judá, y se acomodó la ropa.

«Este muchacho no ha trabajado nunca, por más que le pusieron un vestido de obrero. Sus manos no tienen callos, ni tiene marcas de animales ni cicatrices de peleas. Solo sirve para tareas administrativas que nunca se ponen en manos de esclavos. Si lo tomo, tendré que gastar dinero, no invertirlo, para convertirlo en un hombre duro que pueda hacer algo útil. No tiene músculos desarrollados. ¡Este muchacho nunca estuvo fuera de la tienda de su mamá!», declaró analíticamente Onuris.

—Solo 20 piezas de plata. Ni una palabra más —terminó Onuris, con tanto desdén que Judá se dio cuenta de que la negociación se había terminado.

—De acuerdo —dijo sin pensarlo más ni consultar con el resto de sus hermanos.

Onuris sacó su bolsa de dinero y lentamente contó las 20 monedas de plata y las depositó frente a Judá sobre la arena que los separaba. El negocio se había hecho y terminado.

Onuris chasqueó los dedos y dos de sus hombres me ataron a la caravana que lentamente se fue desplazando por las montañas y valles de Dotán.

*****

Los hermanos se quedaron en silencio con las miradas clavadas en el horizonte donde desapareció la caravana... y el soñador.

Al día siguiente, mataron un cabrito y empaparon la túnica multicolor en la sangre. También la rasgaron para que pareciera que a José lo había despedazado un animal salvaje. Así se presentaron, abatidos y tristes, delante de Jacob. Al ver la túnica rota y ensangrentada, Jacob se tiró al suelo llorando y se rasgó las vestiduras en señal de duelo por la supuesta muerte de su hijo.

Los demás hermanos fingieron tan bien su mentira que nunca fueron descubiertos. Otra vez, el engaño se había metido en la familia bajo la figura de la muerte.

¡Qué maldición se había instalado sobre esta familia!

CAPÍTULO 3

Diálogos en la arena

Cuando Onuris estuvo seguro de estar fuera del alcance de mis hermanos, ordenó que la caravana se detuviera y que se armara el campamento para pasar la noche.

Con toda rapidez, la caravana se organizó en un círculo. Todos sabían qué hacer. Levantaron y estaquearon con firmeza las carpas, y pusieron los camellos y la mercadería en un lugar seguro. En una hora, la comida estaba servida y todos fueron ubicándose alrededor del fuego para comer.

Yo seguía atado a un camello.

Onuris se acercó lentamente y él mismo me desató y me invitó a sentarme con el resto de los hombres. El cocinero me alcanzó un tazón con un guiso caliente. Me lo devoré y después me acordé de que no me gustan los guisados picantes.

Los ojos de Onuris no perdían detalle. Estudiaban mis movimientos, mis gestos y mis modales. Pensé que mi oración de gratitud a Dios por lo bajo, antes de comenzar a comer, había pasado inadvertida. Sí, nadie me vio, salvo Onuris, quien sin duda hizo una lista mental de todos los detalles que vio en mi manera de comer.

Cuando él terminó de comer, se levantó y ordenó a un hombre que me volviera a atar al lado de los camellos. Al rato, pasó para controlar cómo estaba y me arrojó una manta.

«Mañana conversaremos para conocerte mejor», dijo Onuris secamente. Se dio media vuelta y desapareció en la noche.

¿Dormir? ¿Cómo podría dormir después de lo que me había pasado? Volvía a repetir las escenas de la traición de mis hermanos una y otra vez. ¡Traición! ¡Traidores! Daba vueltas y vueltas pero no lograba dormir ni sacarme esas imágenes de la cabeza. No sé cuánto tiempo estuve así.

«¡Muchacho, muchacho! —me zamarreaba el cocinero—. Estás teniendo pesadillas. Toma este té que te ayudará a dormir un poco. Mañana nos espera una caminata larga y necesitas todas las fuerzas que puedas juntar».

«Gracias... muchas gracias», balbuceé e incorporándome un poco, a pesar del dolor en todos los huesos, tomé el té de a sorbos. Me volví a acostar.

Me vinieron a la mente escenas de casa, la risa de Papá cada vez que volvía del campo, el recibimiento de mi hermano menor Benjamín y la mesa familiar. Eran recuerdos recientes, pero parecía que hubieran pasado años...

Estaba empezando a quedarme dormido, cuando se me apareció la imagen de Papá contándonos una historia del bisabuelo Abraham. Él se encontraba en un problema muy serio y le pidió ayuda a Dios. Enseguida, el Señor se le apareció personalmente y le dijo: «No temas, yo soy un escudo para ti...». Y, sin darme cuenta, me quedé dormido repitiendo esas palabras del Señor: «No temas, yo soy un escudo para ti...».

Lo cierto es que me invadió una paz tan profunda que ya no sentí dolor ni cansancio ni nada. Estaba en un estado de dicha interior como jamás había experimentado.

«¡Muchacho, muchacho! —los gritos del cocinero me devolvieron a la realidad—. Ya es hora de levantarse; nos vamos».

Con la misma organización que habían armado el campamento, volvieron a desarmarlo y a colocar cada cosa en su lugar sobre los camellos.

Y yo, atado otra vez al camello.

Onuris se acercó y me saludó. Por primera vez, pude ver su rostro con la claridad del día. Era más viejo de lo que había imaginado. Profundos surcos le atravesaban el rostro, seguramente por los años de estar expuesto al intenso calor del desierto y transitar los caminos de las caravanas. Algunas de esas marcas también eran de cuchillos.

«Buen día, muchacho. Me contaron que tuviste una noche sobresaltada...», comenzó Onuris.

«Buen día, señor», contesté, tratando de ser cortés. Todavía me duraba el efecto de esa paz interior que me hacía sentir como si flotara en el aire.

Onuris se sorprendió por el saludo y se volvió para mirarme fijamente, analizándome de arriba abajo. Me miraba como preguntándose: *¿Cómo puede estar tan fresco y fuerte después de la golpiza que recibió, la caída en la cisterna y la mala noche que pasó con sus pesadillas? ¿Qué tiene de especial este muchacho? Hay algo nuevo en su rostro que no estaba allí anoche.*

«¡En marcha!», gritó Onuris con la mano levantada.

La caravana se puso en marcha. Los camellos, con su típico paso cansino, marcaron el rumbo.

Y yo, atrás, atado al camello.

Pronto se acabaron las tierras conocidas, las montañas bajas con valles verdes entre ellas y los esporádicos arroyos que fuimos atravesando. El calor aumentó. El sol comenzó a ser molesto y terminó quemando. Las piedras del suelo y el polvo del camino dieron lugar a un mar de arena donde todo era igual. Arena por todos lados. Habíamos llegado al desierto.

Esa noche, dispusieron el campamento de una manera diferente. Los camellos formaron un anillo exterior y los hombres y las mercaderías, otro interior. No se levantaron tiendas; pero sí se hizo la fogata y el cocinero nuevamente hizo un guisado caliente y picante. Me lo devoré todo. Ya no me importaba el picante, había que matar el hambre. Onuris seguía cada uno de mis movimientos; pero ahora había una diferencia. Su interés en mí ya no era el de un producto para vender. Su sensibilidad fina había detectado algo. Si me preguntan qué vio en mí, la verdad es que no lo sé.

Yo también comencé a estudiarlo a él.

Esa noche, se sentó a mi lado, pero no demasiado cerca. Lo suficiente como para ver mis ojos y mis gestos, los movimientos de las manos y cualquier otro detalle que le permitiera meterse debajo de mi piel.

Luego de un largo período de silencio y estudio mutuo, Onuris estiró las manos y, sin decir palabra, tomó las mías y las estudió; las palmas y después los dorsos.

—No están sudadas ni tiemblan. Las uñas están enteras. Ningún hueso ha sido roto y no ha tenido ninguna enfermedad contagiosa —murmuró con satisfacción—. Veo que sabes leer, escribir y hacer cuentas —me dijo con certeza.

—Sí, señor —contesté sin saber si debía decir algo más.

—Muchacho, no sé qué fue lo que les hiciste a esos hombres, pero me parece que estaban dispuestos a matarte. Tal vez hubo cosas muy oscuras entre ustedes, porque se ve que eran más que conocidos y tú no eres un esclavo, ni un pastor, ni un ladrón —dijo Onuris, profundizando su análisis de la situación—. Es más, casi podría afirmar que tienen algún lazo de sangre en común. ¡Son parientes! —concluyó satisfecho, al ver que mis ojos delataban que lo dicho era verdad.

Dejó pasar unos instantes, y preguntó casi paternalmente: —¿Qué pasó entre ustedes?

Le conté todo a Onuris. Lo de la familia, lo de las preferencias de Papá, lo de la túnica especial y los sueños. Escuchó con suma atención sin interrumpir. Se puso de pie y dio varias vueltas en círculos mientras pensaba. Al cabo de un rato, volvió a sentarse a mi lado, esta vez más cerca.

—Muchacho, como te has dado cuenta, nosotros no somos traficantes de esclavos —dijo Onuris, como contando un secreto a un amigo—. Somos comerciantes que vamos y venimos de Egipto a varios lugares para comprar mercaderías como sedas, especias, perfumes y otras cosas especiales que usan las mujeres. La verdad es que no sé por qué acepté comprarte. Nosotros nunca compramos esclavos. Pero sentí como una voz misteriosa que me hablaba y me dijo que aceptara la oferta, porque tenía planes para ti, y que en el futuro tú me salvarás la vida. La verdad es que no sé cómo explicarlo.

Era mi turno para estar sorprendido. ¿El Dios de Abraham, Isaac y Jacob también les habla a otras personas que no creen en Él? Porque Onuris no conocía al Dios creador de los cielos y de la Tierra. Tenía muchos ídolos y dioses por todos lados y pensaba que lo defendían, pero no sabía que tienen ojos y no ven; tienen orejas pero no oyen, tienen boca pero no hablan; también tienen manos pero no acarician y pies pero no pueden caminar. Solamente son piedras y maderas pintadas. ¿Pueden acaso proteger?

Durante las siguientes noches, seguimos conversando con Onuris. Yo ya no iba atado al camello.

La noche antes de llegar a Egipto, Onuris se sentó otra vez a mi lado y me dio algunos consejos: «Estarás en medio de una cultura nueva que no conoces. Tómate el tiempo para conocerla y adaptarte a ella. Te llevará tiempo. Aprende a escuchar y a callar. Espera que te pregunten algo para responder; no olvides que eres un esclavo, ya no eres el hijo del dueño. Sirve a tu amo nuevo como si fuera ese Dios de tus antepasados a quien sirves. No juzgues las costumbres de tu nueva cultura apresuradamente; aprende a ver por qué las cosas son como son. Aprende el idioma y usa los estilos y las formas culturales de dirigirse a los superiores, a tus pares, a los inferiores, a las personas del sexo opuesto y, sobre todo, a las autoridades».

Onuris me miró fijo para asegurarse de que había captado todos los detalles. Sonrió. Fue la primera y última vez que lo vi hacerlo. Debajo de la superficie de piedra, había un corazón sensible.

Cuando llegamos a Egipto, la caravana se detuvo en los establos y depósitos de Onuris y los otros comerciantes. Con la misma agilidad y organización de cada día, los hombres descargaron toda la mercadería y la aseguraron, cada cosa en su lugar, para que al día siguiente se pusieran a la venta. Después, se ocuparon de los animales de carga, y también de mí. Me dieron agua para lavarme, ropa limpia y paja seca sobre la cual colocar la manta para dormir.

Por supuesto, también estaba el infaltable guisado caliente y picante.

A la mañana siguiente, muy temprano, Onuris me presentó a mi nuevo amo: Potifar, el jefe de la guardia del rey de Egipto.

CAPÍTULO 4
La esposa de Potifar

«Ilustre Potifar, te entrego a José, el esclavo hebreo que te prometí —le dijo Onuris a Potifar—. Estoy seguro de que a partir de hoy, tu suerte cambiará. Este es un diamante finísimo que todo Egipto envidiará».

Onuris era un hombre sabio. Me había preparado para esta ocasión. Un baño a fondo, perfumes aromáticos para que no quedaran recuerdos de las ovejas, corte de cabello y teñido para que no desentonara con el ambiente egipcio; todo el vestido y calzado era nuevo y de la mejor calidad. No hubo detalle que no se cuidara.

Potifar quedó realmente impresionado. Chasqueó los dedos y un soldado le trajo un cofre. Sacó dos sacos de cuero y contó cien monedas de plata y se las entregó a Onuris.

«Es usted un hombre muy honorable. Muchas gracias, oh gran señor», Onuris aduló a Potifar, inclinándose tanto que casi se cayó de narices.

Entonces, mi vida comenzó a cambiar completamente. Potifar era el capitán de la guardia del rey; un hombre muy influyente, muy rico. Tenía una casa enorme, mucho campo con mucho ganado. Tenía mucho de todo.

Uno de los capataces de Potifar me llevó a los cuartos de los esclavos y me asignó un lugar para dormir. Difícilmente se le podría llamar dormitorio, pero era evidente que eso era lo que todos hacían en ese lugar. Estaba sucio y desorganizado. Muy sucio. Había insectos por todas partes y un olor muy desagradable.

«Hay que limpiar todo y dejarlo como la corte del rey», fue la orden, y sin otra explicación de cómo, con qué ni cuándo. Se dio media vuelta y desapareció.

De inmediato, puse manos a la obra y saqué todas las mantas del cuarto. El perfume desagradable me siguió. Una por una, colgué las mantas sobre una cuerda que até entre dos palmeras. Con una rama larga y gruesa golpeé las mantas, que comenzaron a desprender nubes de polvo negro y maloliente. Pulgas, hormigas y chinches volaron por el aire en todas direcciones.

Después, busqué agua y pedí unas esencias perfumadas en la cocina. Lavé las mantas y, cuando las puse a secar, les vertí un poco de esencia en cada esquina. El calor egipcio las secó en apenas dos horas.

Derramé agua por todo el piso del cuarto y descubrí que, debajo de la capa de polvo, había un piso de piedra. Cuando terminé de limpiar, las piedras del suelo brillaban. Rearmé las pilas de paja en los lugares donde estaban originalmente y las cubrí con las mantas limpias y perfumadas.

El resultado fue sorprendente e inmediato. El buen humor y las ganas de trabajar de toda la servidumbre le dieron un nuevo impulso a todo lo que se hacía en los negocios de Potifar.

Como premio, me asignaron a la cocina de la casa. De cocina yo no sabía absolutamente nada, y menos de cocina egipcia. Así que me dediqué a colaborar en lo que me pedían, mientras observaba lo que hacían los demás.

¿Qué descubrí? Que todo era un desastre. El cocinero principal era bueno, pero le gustaba demasiado el vino. Daba buenas órdenes pero a las personas equivocadas. No había una buena limpieza de la cocina ni de los implementos de trabajo. Se perdía mucho tiempo buscando cosas que se habían guardado en el lugar equivocado. Se desperdiciaba mucha comida porque se había echado a perder o por usar solamente una parte de una pieza.

¡Qué les cuento de las peleas! Todos los días había una, y cuando se peleaban personas que tenían cuchillas en la mano, alguien terminaba sangrando o con un dedo menos.

Un día en que el cocinero andaba de buen humor, me acerqué con cautela y le pregunté: «¿Puedo hablarte un momento, Yamal?».

Yamal no era egipcio, pero había estado al servicio de Potifar desde que su padre fue comprado como esclavo. Ya era un hombre de 50 años largos y su cintura era difícil de abrazar. Cuando Potifar le encargaba una comida especial para invitados de honor, él se esmeraba para que su amo quedara muy bien. Sus recetas eran magistrales, pero nadie conocía sus secretos. Nunca se equivocaba.

—Habla, pequeño, — contestó Yamal. Claro, al lado de esa montaña de humanidad, yo era muy pequeño.

—He estado trabajando en tu cocina durante varios días ya. Estoy aprendiendo mucho, y quiero darte las gracias por permitirme aprender tanto —comencé mi discurso, y como vi que le encantaba que lo adularan, seguí haciéndolo.

—Esta debe ser la mejor cocina del mundo y tú el mejor cocinero —dije mirándolo a los ojos. Ya tenía toda su atención y su rostro se había puesto redondo; la sonrisa le llegaba de oreja a oreja. Los ojos le brillaban—. Creo que con unos pequeños detalles más, tu cocina será recordada en todos los tiempos y muchos reyes enviarán sus cocineros para aprender en tu cocina.

—¿Sí? ¿Qué detalles serían esos, pequeño? —preguntó Yamal, imaginándose maestro cocinero, pero al mismo tiempo, mirándome de reojo, porque en el fondo, empezaba a sospechar.

—Bueno... He observado que tus recetas y tus comidas son magistrales, y cuando tú estás en los detalles, todo el mundo en la cocina trabaja a tu ritmo y casi siempre sabe lo que tiene que hacer. ¡El resultado es maravilloso y el amo Potifar está satisfecho! —hice una pausa, dejando que su ego se inflara un poquito más.

—Sí, claro. Por eso soy el cocinero del amo —dijo orgulloso Yamal.

—Pero tu cocina podría ser la envidia de los dioses... —dejé la frase sin terminar, para ver si mordía el anzuelo.

—Vamos, escúpelo ya, pequeño, no me tengas acá con adivinanzas. Sabes bien qué tengo que hacer, porque te he visto mirando y estudiando mi cocina y has estado preguntando a todos lo que hacen y por qué, y por cuánto, y dónde y qué sé yo cuántas cosas más —dijo Yamal.

—Bien, Yamal, esto es lo que tienes que hacer. Primero, debes hacer un plan y un presupuesto. En cada estación del año hay frutas, verduras y algunas especias que se cultivan y sus costos son bajos. Ese es el momento para comprar y tener reservas para todo el año. Como sabes, tienes que procesar lo que no vayas a usar ahora, y lo debes conservar envasado para preservarlo para cuando no sea la temporada. Así, podrás deleitar a Potifar con comidas que le sorprenderán porque no son de la temporada del año —respondí, comenzando con una sugerencia sencilla.

Yamal ya estaba haciendo cálculos y especulando con las aclamaciones de Potifar.

—Tus ayudantes de cocina pueden ir preparando esas conservas en sus tiempos libres —seguí—. Como habrás observado, algunos de ellos tienen mucho tiempo libre y por eso siempre hay peleas. Cuando todos tienen una tarea asignada, no hay tiempo para pelearse.

—Sí, pequeño, esa idea es muy buena. El amo está preocupado por eso —dijo en voz baja Yamal, reconociendo que nunca había podido solucionar este problema.

—Para tener lugar para todas las conservas que prepararás durante la temporada de abundancia, tendrás que preparar una

bodega de almacenamiento, que sea segura y también fresca. ¿Sabes dónde se puede construir? —pregunté para sacar a Yamal de la preocupación y ponerlo a pensar en soluciones.

—Claro, pequeño, todos sabemos que los mejores almacenamientos están debajo de las casas —respondió Yamal, mostrando sus conocimientos y mi ignorancia.

—Para que Potifar te elogie por tu buena administración de su dinero, debes planificar las comidas pensando en el mejor aprovechamiento de los materiales. Por ejemplo, si vas a usar las pechugas de un pollo, piensa en otra comida para la cual puedas usar las patas y otra para la cual puedas usar las alas. De esta manera, usas un pollo para tres comidas. Como ya tienes el almacenamiento, puedes guardar las comidas de las patas y de las alas para no servir tres comidas seguidas con pollo, y que el amo no se canse de comer siempre lo mismo. Así, tu presupuesto se reducirá a menos de la mitad y Potifar te felicitará —dije haciendo énfasis en las felicitaciones del amo—. Bueno... seguramente, ya has tenido en cuenta esta próxima sugerencia... —susurré pensativo, como dejando espacio para que Yamal siguiera comprando mis ideas.

—Por favor, sigue, pequeño, lo estás haciendo muy bien. Sí, ¡muy bien! —respondió el cocinero.

—Como sabes, cada uno de tus ayudantes hace mejor algunas tareas que otras. Algunos disfrutan trabajar con carnes, otros con verduras, y otros con pescados. Casi a ninguno le gusta lavar platos o pelar papas —dije lentamente para que Yamal pudiera poner los nombres de sus ayudantes al lado de cada una de las actividades que mencioné—. Entonces, puedes organizar la cocina por secciones y asignarle a cada ayudante una sección con los utensilios específicos para la actividad que realiza. Entonces, cada uno tiene que mantener limpia su sección y sus utensilios. Habrá secciones que podrán estar separadas de otras, pero algunas deberán ir en secuencia. ¿Qué te parece, Yamal? —pregunté para que él terminara de organizar la idea.

—Claro, por ejemplo, la sección de limpieza inicial de frutas, verduras y demás debe estar lo más cerca posible del depósito o la entrada. Después, las secciones de elaboración. Luego, el área de presentación de los platos y bandejas para el servicio cerca de las puertas de acceso al comedor. A continuación, la zona de recepción de las bandejas y platos usados que después van a parar otra vez a la sección de limpieza. En la otra punta, podemos colocar la sección de conservas, justo al lado de la entrada a la bodega de almacenamiento —dijo Yamal entusiasmado con la idea de la remodelación y haciendo planes para reacomodar todo.

Durante las siguientes dos semanas, todo fue una revolución en la cocina. Yamal puso en práctica todas y cada una de las ideas que le di. Cada día, obligaba a todos sus ayudantes a levantarse con el canto del gallo y, luego de desayunar, ladraba sus órdenes y dirigía los trabajos de remodelación con mucho entusiasmo.

Los resultados fueron mejores de lo esperado. Cada ayudante de cocina comenzó a trabajar en su sección y con sus propios utensilios. No hubo más accidentes por peleas. Las comidas se prepararon en menos tiempo y la presentación de los manjares comenzó a ser el comentario de la corte del rey de Egipto.

Por otro lado, la bodega de almacenamiento de la cocina se fue llenando. Paradójicamente, había menos y menos desperdicios y desaprovechamiento de las piezas compradas. La cocina era un espejo, y la alegría era tanta que hasta había tiempo para cantar mientras se trabajaba. Pero la revelación fue el mismísimo Yamal. Claro, con la caja torácica que tenía, su voz de tenor trinaba por toda la casa.

Potifar estaba sorprendido. Un día, apareció sin anunciarse. Por supuesto, no necesitaba hacerlo; era el amo. Caminó por toda la cocina, miró los cambios, observó el nuevo ánimo de la gente y visitó el almacenamiento. Sin embargo, no dijo nada.

Cuando estaba saliendo, llamó aparte a Yamal.

—Te felicito, Yamal. ¿Quién fue el autor de todos estos cambios? —preguntó Potifar.

—Bueno, señor Potifar, es-teeee… la verdad es que fueron ideas del esclavo nuevo que trajo; José, el hebreo. Es muy observador e inteligente —contestó Yamal, sabiendo que Potifar no le iba a creer si decía que eran sus propias ideas. Al fin de cuentas, hacía más de 20 años que Yamal era el cocinero y nunca hubo un solo cambio en todos esos años.

—Ajá —respondió Potifar. Se dio media vuelta y se volvió a la casa.

*****

35

—¿Y, qué descubriste, querido? —preguntó Nebet, la esposa de Potifar.

—Este muchacho José tiene un toque especial de algún dios, porque todo lo que toca se vuelve oro —respondió Potifar—. Primero, con un poco de agua y unas gotas de perfume transformó a los esclavos en trabajadores animados. Ahora, se ganó el respeto del cocinero y lo convirtió a él y a la cocina en la envidia de Egipto. Ah, ¡y por lo visto el gordo Yamal no se emborracha más!

—Al parecer, has hecho una buena compra. Aunque al principio pensabas que ese mercader que te lo vendió te había estafado... —comentó Nebet.

—Me parece que la cosa es al revés; creo que yo lo estafé a él. Este muchacho vale su peso en oro. Como te dije, tiene algo diferente a todos los demás. Todavía no sé qué es, pero ya lo voy a descubrir... Algún dios que no conocemos está con él —concluyó Potifar.

—Si es tan así como dices... tal vez pueda hacer que esos campos que compraste produzcan algo y no solamente dolores de cabeza. ¿No dijo el ismaelita que viene de una familia de pastores? —preguntó Nebet, mientras elegía el vestido que iba a usar para el almuerzo—. ¿Te gusta este vestido, querido? Creo que me favorece el color...

—Sí, sí y no sé —respondió Potifar y salió apresuradamente, mientras pensaba que, por fin, su esposa había tenido una brillante idea, en medio de tantos comentarios superficiales sobre vestidos, colores, fiestas y lo que decían sus amigas huecas.

Potifar volvió a la cocina.

*****

«José, después del almuerzo, te espero en mi oficina», me ordenó Potifar.

«Sí, por supuesto, señor», le respondí. Pero se lo dije a la nuca de Potifar, porque cuando terminó de dar la orden, se dio media vuelta, como hacen los militares, y se fue hacia la puerta.

Después de terminar con mis tareas en la cocina luego del almuerzo, le pedí permiso a Yamal para ir con el amo Potifar, como lo había solicitado. Me dirigí allí, golpeé la puerta y esperé la orden de entrar.

«Adelante José, pasa», ordenó casi al instante Potifar.

La oficina del amo era un lugar muy amplio y luminoso. Las ventanas siempre abiertas permitían una circulación de aire fresco que venía del río. En medio del salón, estaba la mesa de trabajo de Potifar, llena de rollos de papiro. Delante de él, había un rollo abierto y, en cada extremo, un triángulo de mármol blanco finamente pulido para evitar que el rollo se volviera a cerrar como un resorte.

Potifar levantó la vista y sonrió, dándose cuenta que yo estaba estudiando su oficina.

—José, estoy muy satisfecho con tu trabajo —comenzó Potifar—. Veo que tienes todas las capacidades que Onuris describió y aún muchas más, que él no llegó a discernir. Todavía no me explico por qué fuiste vendido como esclavo y menos aún por qué el dios que te ayuda a sobresalir en todo lo que haces no te defendió y evitó que terminaras como esclavo... Te he llamado porque quiero asignarte una tarea muy importante.

—Estoy para servirle en todo lo que pueda, señor Potifar. El Dios de mi padre Jacob, de mi abuelo Isaac y de mi bisabuelo Abraham no me ha abandonado nunca y no lo hará ahora. Él me dará las fuerzas para cumplir con las tareas que usted me asigne y usted será bendecido —respondí reuniendo valor.

—Eso lo sabremos pronto. Lo que quiero que hagas es que te ocupes de los campos que poseo juntamente con todo el ganado y los cultivos. No me han producido las ganancias que quiero.

Potifar se levantó, fue hasta los rollos de sus campos, los sacó todos y también los rollos de los esclavos que estaban trabajando allí. Durante varias horas, estuvimos estudiando los campos, los cultivos, los ganados y los trabajos que hacían los esclavos.

—Muy bien, José, esta es toda la información que tengo sobre los campos y su situación presente —concluyó Potifar—. Todo está en tus manos ahora. A partir de este momento, tú eres el administrador de mis campos y ganados.

—Gracias por confiar en mí. Espero no defraudarlo. Le pediré a mi Dios que bendiga sus campos y ganados, y que también cuide a las personas que están trabajando allí.

Temprano al día siguiente, Potifar me llevó al campo para presentarme a la gente y mostrarme en el lugar todo lo que habíamos visto en los rollos.

Trabajé arduamente en los campos del amo durante los siguientes dos años. Al final de la cosecha del segundo año, hice un inventario general de todos los campos y de los ganados. Se lo llevé a Potifar, explicándole las tareas que estábamos realizando en preparación para el tercer año de producción y los nuevos cultivos que estábamos por comenzar.

—Veamos cómo se compara con el último inventario que tenemos acá —dijo entusiasmado Potifar, levantándose para sacar el rollo del inventario del estante de su oficina.

Abrió el rollo junto al que yo le había presentado y los miró pensativamente, estudiando los números. De tanto en tanto, decía «Ajá», «Mmmm» o «Vaya».

—¡Excelente trabajo, José! —concluyó finalmente Potifar—. ¡Has incrementado la producción en más del 100% y el ganado ha aumentado más del 50%!

—Eso no es todo, señor —agregué despacio—. Ahora tiene graneros llenos, corrales que van a contener las nuevas crías de su ganado y, sobre todo, tiene hombres y mujeres que ahora saben lo que están haciendo y están organizados. El valor de su gente es ahora su mayor capital. Si compra más campos, ellos los pondrán en producción en poco tiempo y sin que les tenga que decir nada.

—Sí, eso también es verdad, José. No lo había pensado de esa manera. Para mí solo son esclavos. Pero por la forma que los has tratado, ahora tienen más valor. ¡Bien hecho! —reflexionó Potifar.

—Eso es algo que aprendí de mi Dios —me animé a agregar, sin saber cómo iba a reaccionar Potifar—. Para Él, nosotros somos lo más importante, porque fuimos creados a Su imagen y semejanza y nos ha dado una identidad única a cada uno de nosotros. Somos muy especiales para Él. La base de nuestra relación con Él es el amor que nos tiene.

Potifar se quedó escuchando y meditando en estos conceptos. Pero creo que chocaron con sus creencias sobre todos los dioses de piedra y madera que tienen los egipcios, y le costaba pensar en términos de amor. Para Potifar, los dioses eran para temer y demandaban muertes para satisfacer sus apetencias violentas. Nada de amor...

—¿Por qué entonces tu Dios permitió que te vendieran tus hermanos? ¿No está mal eso a Sus ojos? —cuestionó Potifar.

—Mi Dios no me abandonó en ningún momento —respondí con voz baja, pero segura—. Si estoy acá ahora debe ser por una razón superior. Los caminos de Dios son superiores a los nuestros y sus pensamientos son siempre de bendición y no de maldición.

—Bien, eso lo veremos... —dijo Potifar y, levantando la mano, dio por terminado el tema—. A partir de ahora, quiero que te ocupes de todos mis asuntos. Todos. Desde la casa hasta los campos y los negocios.

—Es un honor, señor Potifar —respondí inclinando la cabeza en señal de respeto y aceptación—. Haré todo lo que usted me ordene con toda diligencia.

✯✯✯✯✯

Parecía que todo iba bien. Pero, en realidad, acá es cuando comenzaron mis problemas realmente complicados. Al hacerme cargo de todas las posesiones y los negocios de Potifar, él se volcó por completo a su carrera militar y los asuntos de la guardia del rey. Cada vez pasaba más tiempo en los cuarteles militares y menos tiempo en su casa. Y allí estaba Nebet, la esposa de Potifar, cada vez más sola.

Ese fue mi problema.

Al principio, la escuchaba, pensando que Potifar realmente la estaba abandonando y que no era correcto que dejara a su esposa tanto tiempo sola en la casa.

Un día, mientras terminábamos de cenar, me ordenó que fuera de noche a sus habitaciones para atenderla personalmente. Allí me di cuenta de cuáles eran sus verdaderas intenciones y que la tentación estaba a la puerta. ¿Cómo debía actuar? ¿Tenía que desobedecer a Nebet? Ella era mi dueña y podía hacer conmigo lo que quisiera. Eso era cierto.

Pero también era verdad que Potifar no estaría de acuerdo con esta demanda de su esposa. Él también era mi dueño y podía hacer conmigo lo que quisiera.

—Mi señora, no puedo acceder a sus peticiones, y usted lo sabe —me excusé con la mayor amabilidad que pude—. Mi señor Potifar me puso al frente de todas sus posesiones y sus negocios, pero eso claramente la excluye a usted, mi señora. No puedo defraudar a mi señor Potifar.

—¡Potifar no está; yo sí! —respondió Nebet arrojándose sobre mí.

—Mi señor Potifar no necesita estar aquí para que le obedezca. Yo sé que él no aprobaría sus peticiones, mi señora —respondí y rápidamente me alejé de Nebet, aunque el perfume de su piel ya se había impregnado en mis ropas. Ese perfume despertó mis instintos varoniles y supe que estaba en problemas...

—Nadie está en casa ahora. Mandé a todos los siervos a sus habitaciones. Estamos completamente solos —insistió Nebet, avanzando nuevamente sobre mí—. Vamos a mi habitación y pasemos la noche juntos.

Nebet me abrazó sensualmente y comenzó a acariciar mis cabellos. Su perfume me arrastraba hacia una pasión enloquecedora. Sentí que las fuerzas para negarme a sus impulsos me abandonaban rápidamente.

—¡No! Nunca le haré esto a mi señor Potifar —grité y, con mis últimas fuerzas, salté de los brazos de Nebet para correr hacia la puerta. Pero ella se agarró de mis ropas y me las arrancó. Salí corriendo desnudo, sin importarme nada...

Recién me detuve cuando llegué a mi cuarto, y cerré la puerta de un golpe... Pero, en el fondo, sabía que esto iba a traerme problemas serios. ¿Cómo enfrentaría a Potifar ahora? ¿Cómo volvería a mirar a Nebet a los ojos? ¡Señor, Dios mío! ¿Qué tengo que hacer ahora?

—¡No! Nunca le haré esto a mi señor Potifar —grité y, con mis últimas fuerzas, salté de los brazos de Nebet para correr hacia la puerta. Pero ella se agarró de mis ropas y me las arrancó. Salí corriendo desnudo, sin importarme nada…

CAPÍTULO 5

Los sueños de los prisioneros

«¡José, abre la puerta o la derribamos!», gritó un soldado de la guardia de Potifar. Pero antes de que pudiera levantarme para abrir la puerta, la destruyeron de una patada, arrojando pedazos de madera rota por toda la habitación.

«¡Estás arrestado por intento de violación a la esposa del capitán de la guardia del rey de Egipto!», fue la acusación que me escupieron en la cara con verdadero asco.

Sentí que estos soldados estaban dispuestos a matarme allí mismo. Me levantaron por los brazos, me arrastraron como un saco de papas y me arrojaron al suelo delante del capitán Potifar.

Nunca lo había visto tan furioso. Su rostro estaba desfigurado, tenía los puños cerrados a sus costados, clavándose las uñas en las palmas de las manos. Sus ojos estaban desorbitados y enrojecidos, las fosas nasales se le hinchaban cada vez que respiraba, y los músculos del cuello estaban más tensos que las cuerdas de un arco nuevo.

«¿Cómo pudiste cometer un acto tan sucio y bajo, traicionando la confianza que deposité en ti?», disparó Potifar al tope de sus pulmones.

Detrás de Potifar, estaba Nebet, sollozando y haciéndose la víctima, dando lástima. Justo cuando el vozarrón de Potifar terminó de retumbar por el salón, ella dejó caer un suspiro y un lamento desgarrador.

Iba a decir algo en mi defensa, pero enseguida me contuve. Me di cuenta de que mi suerte estaba echada. Ya había sido condenado.

«¿No tienes nada que decir, perro maldito?», volvió a retumbar el grito de Potifar.

Solamente sostuve su mirada sin responder. En el fondo, sentía afecto por este hombre bueno, pero engañado por su esposa. Si le decía la verdad, lo dejaría expuesto como un pobre hombre cuya esposa despechada pretendía satisfacer sus apetitos sexuales con un esclavo.

Entonces, me quedé callado.

Seguí sosteniendo la mirada de Potifar. Miré por encima de sus hombros y me encontré con los ojos de Nebet; pero ella bajó la mirada. Solo pude ver en ella culpa y vergüenza.

«¡Nassor! ¡Arroja a esta rata apestosa en la cárcel hasta que se pudra!», ordenó Potifar.

Nassor era el jefe de la prisión del rey de Egipto. Salí de la casa de Potifar escoltado por un escuadrón de soldados de la prisión del rey, con Nassor marchando a la cabeza.

Cuando llegamos a la prisión, aún era de noche. Una a una, se fueron abriendo las pesadas puertas de la cárcel. Con cada paso, el olor nauseabundo que venía del interior de la prisión se intensificaba, impulsado por insoportables olas de calor.

Finalmente, me arrojaron dentro de una celda oscura como una noche sin luna. Las puertas se fueron cerrándose y los pasos de los soldados fueron alejándose. A pesar del silencio espantoso en medio de un calor insufrible, un escalofrío helado me subió por la espalda: la misma sensación que tuve cuando mis hermanos me arrojaron al fondo del pozo.

Me acordé de los sueños que Dios me había dado, el de las espigas y el de las estrellas con el sol y la luna. En mi interior, comenzó a librarse una batalla muy cruel. Por un lado, mi fe en Dios y, por el otro, mis sentimientos y la realidad de todo lo que me rodeaba.

La fe me decía que siguiera confiando en Dios porque Él no es hombre para mentir. Sus promesas son siempre sí y amén. Él es Todopoderoso y hace lo que quiere. La fe me impulsaba a

seguir creyendo porque Dios es fiel y amoroso. Nunca hará nada para perjudicarnos. Él es el buen Pastor que da Su vida por sus ovejas...

Sin embargo, mi mente me exigía que mirara la realidad. Me decía que esos habían sido solamente sueños de niño inmaduro. Me gritaba que la verdad era que estaba en una prisión y seguramente me esperaba una muerte muy triste y en el olvido. Mis sentimientos apoyaban a la razón y me decían que había sido traicionado por mis hermanos, vendido por unas monedas de plata. Mis sentimientos me decían que me había comportado como un verdadero idiota al decirle que no a Nebet, y que por eso estaba allí. Si hubiera dicho que sí, no solamente estaría disfrutando del lugar de privilegio como administrador de Potifar, sino también de una mujer muy sensual y de dormir en la cama del amo.

Casi le doy la victoria a la razón y a los sentimientos... casi.

Me costó adaptarme a la vida de la prisión. Solamente se servía una comida por día. ¡Y nada tenía que ver con la exquisita comida de Yamal! Lo que nos servían no se podía llamar comida... la mejor definición sería «basura». Mejor ni les cuento el sabor del agua...

En la casa de Potifar, me había acostumbrado a estar ocupado todo el día. Había descubierto que era una bendición y un placer trabajar porque Dios estaba conmigo y así todo me salía bien. Pero ahora, estaba todo el día encerrado sin hacer nada, aburrido. Los días se hacían larguísimos y me costaba dormir de noche porque no estaba cansado. Bueno, y además, porque a todos los bichos se les ocurría salir de noche para molestarme y picarme.

Así que, una mañana, le hablé a Nassor y le propuse que me dejara hacer algo en la prisión. Él estuvo de acuerdo.

¿Qué podía hacer? Bueno, si limpiar las habitaciones de los esclavos de Potifar había funcionado, tal vez acá podría suceder lo mismo. ¡Eso!

Al cabo de una semana, había antorchas en todos los pasillos de la prisión, los pisos no tenían más tierra, pulgas, hormigas ni otros bichos que viven en el polvo sucio y maloliente. Las puertas de las celdas habían sido pintadas de blanco. Todos los presos habían sido bañados y tenían paja nueva y limpia sobre la cual dormir.

Nassor estaba encantado. Por supuesto; a él también se le revolvía el estómago cada vez que tenía que entrar en la prisión.

«Ahora quisiera que me permitas servir en la cocina de la prisión. Además, puedo mejorar la calidad de lo que comen ustedes, los soldados», le sugerí a Nassor, pensando que podría aprovechar algunas de las cosas que aprendí de Yamal.

Nassor lo pensó medio segundo y dijo que sí. Me di cuenta de que el cocinero de ellos era el mismo que disfrutábamos nosotros.

Cuando entré en la cocina de la prisión, casi me desmayo. El olor de la basura que se había acumulado durante semanas me dio una bofetada en la cara. Sentado en un banco y dormido en su borrachera, el cocinero roncaba en armonía con el zumbido de las moscas. Estaba semidesnudo, y el olor de su sudor competía con el de la basura... y creo que la basura perdió la competencia.

No había nada en su lugar. Todo estaba tirado y sucio. Un sonido chillón y agudo me hizo desviar la mirada hacia la puerta de la despensa. Ratas. Me arrepentí de sugerirle a Nassor que me dejara trabajar en la cocina. La única solución para este lugar era prenderle fuego.

—¡No necesito que nadie me ayude en mi cocina! —me gritó el viejo levantando un palo para pegarme. Pero se tropezó y cayó tirando todo lo que había sobre la mesa de la cocina.

—¡Tú! ¿Qué estás haciendo husmeando en mi cocina? —preguntó el cocinero.

Se había despertado y, sigilosamente, se había parado a mi lado. Cuando giré la cabeza, sobresaltado por la voz áspera del cocinero, la bocanada de mal aliento del viejito terminó de descomponerme. Tuve que hacer un esfuerzo enorme para no vomitar.

Los ojos del viejito eran negros y estaban hundidos en una cara redonda. Su nariz era un gancho torcido hacia la izquierda, evidentemente por algún golpe recibido muchos años atrás. Creo que pude contar tres pelos largos en su cabeza calva, lustrosa por la grasa negra de tantas frituras hechas desde el último baño que ni él se acordaría cuándo había sido.

—¡Ah! Tú eres el violador... —dijo el viejito al reconocerme, esbozando sonrisa macabra. Adentro de ese agujero negro, no había dientes, pero de allí salió un olor a algo más podrido que un animal muerto hace muchos días.

—Me mandó Nassor para ayudar en la cocina —acoté para cambiar de tema.

Conteniendo la respiración, levanté al anciano y lo ayudé a sentarse sobre su banco. Le alcancé un poco de agua.

—¡Puaj! ¿Qué es esto? —me gritó el anciano.

—Agua —le respondí.

—Yo nunca tomo agua; solamente vino. Dame esa jarra —me espetó y señaló una jarra debajo de la mesa.

—Primero, déjeme ayudarle a levantar todo lo que se cayó —dije con suavidad—. Después voy a ayudarle a preparar la comida para Nassor y los soldados y para los prisioneros. Usted puede darme las instrucciones allí sentado mientras se repone del golpe que se dio.

—Bueno, estoy un poco mareado... —balbuceó y cayó dormido por la borrachera.

Quedé solo con las moscas... y las ratas. Entonces, puse manos a la obra. Primero, saqué toda la basura y la quemé. Después, llené una fuente de agua y, uno por uno, lavé todos los utensilios y las mesas de la cocina. A continuación, puse trampas para las ratas.

Lo que pude salvar alcanzó para armar una comida. ¡Fue una fiesta! Cuando Nassor terminó de comer, vino a la cocina y le dio una palmada al anciano.

«¡Felicitaciones, rata cruel! —exclamó, todavía saboreando el guisado de lentejas—. ¡Por fin una comida decente!».

Mientras el anciano trataba de recuperar el aliento, Nassor miró a su alrededor y comprendió que esta no era la cocina que él conocía. No había olores desagradables, ni suciedad en el suelo, y todos los elementos de la cocina estaban limpios y en su lugar.

«¡José! ¿Esta es obra tuya?», preguntó sin poder creer lo que veían sus ojos.

«Solo hice lo que pude… pero es un comienzo. Todavía hay mucho por hacer…», respondí.

*****

Durante las semanas siguientes, Nassor ayudó a conseguir las cosas que faltaban y el anciano cambió completamente su aspecto, su higiene y su ánimo. Fue una transformación sorprendente. Solamente podíamos reconocerlo por los tres pelos en su cabeza y la nariz torcida.

Nassor me dejó a cargo de toda la prisión… hasta de los presos.

Un buen día llegaron dos presos nuevos. Eran personas importantes, muy cercanas al rey de Egipto. Fue toda una revolución y los chismes corrieron más que las ratas de la cocina.

El primero era Masud, copero del rey y su sirviente personal. El otro era Chatuluka, el jefe de los panaderos del rey. Nadie supo bien qué había sucedido, pero por alguna razón, el rey se enfureció por algo que estos dos hicieron y terminaron en la prisión.

Pasamos allí mucho tiempo juntos y nos conocimos bien. Los días transcurrían en forma rutinaria y, como pueden imaginar, los principales temas de conversación eran «Yo soy inocente, no hice nada», las recetas de comidas y los mejores vinos de Egipto.

Hasta que un día, o mejor dicho, una noche, ocurrió algo extraordinario que cambió mi vida por completo. Después de esa noche, nada volvió a ser como antes. ¿Qué fue lo que pasó? Les cuento…

Esa noche, Masud y Chatuluka tuvieron sueños extraños. Dijeron que eran mensajes de algún dios y que tenían que ser interpretados. Pero claro, en la prisión no hay un servicio especial de interpretación de sueños. Los dos estaban sufriendo porque sabían que esos sueños significaban algo importante, pero ¿quién iba a ayudarles a interpretarlos?

Inmediatamente, me acordé de mis sueños. ¡Habían pasado tantos años! Sin embargo, los recordaba perfectamente y su interpretación nunca había cambiado. Siempre supe lo que significaban. ¿Y si yo…?

—Si los sueños de ustedes son de Dios, Él también dará las interpretaciones —les dije a mis compañeros de prisión—. Por favor, cuéntenme sus sueños.

—Bueno. Mi sueño fue así… —se ofreció primero Masud, el copero del rey—. Había una vid justo delante de mí con tres sarmientos. Brotaron, después salieron las flores y, finalmente, racimos con uvas maduras. En mi mano, estaba sosteniendo la copa del rey. Así que tomé las uvas maduras y las exprimí en la copa hasta llenarla. Después, puse la copa en la mano del rey. Eso fue todo.

—Esta es la interpretación de tu sueño, Masud —dije resueltamente, porque Dios me había revelado el significado del sueño—. Los tres sarmientos de la vid representan tres días. En ese tiempo, el rey te sacará de la prisión y te devolverá a tu puesto de copero y

confidente. Volverás a servirle la copa de vino al rey... —hice una pausa y me atreví a hacerle un pedido personal—. Ahora, te pido solamente un favor a cambio de esta ayuda que te di. Cuando el rey te devuelva a tu puesto, intercede por mí ante él para que me saque de la prisión. Como ya sabes, estoy aquí injustamente.

Antes de que Masud pudiera responderme, Chatuluka me saltó encima para que le interpretara su sueño.

—Ahora me toca a mí —dijo entusiasmado Chatuluka, al ver que la interpretación del sueño le había resultado favorable a Masud.

—De acuerdo. Cuéntame cómo fue tu sueño —respondí.

—En el sueño, yo estaba cargando tres bandejas de pan sobre la cabeza. La de más arriba estaba repleta de manjares panificados para el rey, pero los pájaros se los comían —contó alegremente Chatuluka, y animado, esperó que le anunciara su buena suerte.

Pero lo que Dios me mostró de este sueño era completamente diferente al sueño de Masud. Hubiera preferido decirle que no sabía, o que debía pensarlo, pero eso sería una mentira. Así que tomé coraje y le contesté.

—Esta es la interpretación del sueño que tuviste anoche, Chatuluka —dije con cierto temor—. Las tres bandejas que llevabas sobre la cabeza representan tres días. Los pájaros que estaban comiendo las delicias de la bandeja superior representan que, al tercer día, el rey te hará cortar la cabeza, luego colgará tu cuerpo de un poste alto y los pájaros vendrán y comerán tus carnes.

Chatuluka se desplomó sobre sus rodillas en el suelo, llorando como un niño. No hubo forma de contenerlo ni tranquilizarlo. Aunque Masud estaba loco de contento y contaba ansioso las horas y los minutos que le quedaban para salir en libertad, hizo un esfuerzo enorme para no profundizar la crisis de nervios de Chatuluka. Y yo estaba en el medio.

Mientras tanto, de noche, me quedaba despierto pensando cómo Dios me había revelado los misterios de los sueños de estos dos hombres.

Pero no podía encontrar ninguna conexión entre estos dos sueños y mis sueños de adolescente. Estos dos se estaban por cumplir en apenas unas horas, pero ¿cuándo se cumplirían los míos y de qué manera, si yo estaba prisionero y olvidado en una cárcel en Egipto?

Dime... ¿qué pensarías tú de Dios si en un sueño te revelara un evento futuro, pero los años pasan y, en lugar de que suceda, todas las cosas te salen mal como a mí?

Llegó el tercer día. Pasó la mañana. Pasó el mediodía. Pasó la tarde. No ocurría nada... Sin embargo, afuera se escuchaban ruidos desde temprano. Cuando fui a ayudar al anciano a preparar la ración de comida para los prisioneros, me contó que estaban preparando una fantástica fiesta de cumpleaños para el rey.

✶✶✶✶✶

La fiesta comenzó con música y danzas cuando oscureció. Entonces Nassor, el jefe de la prisión, vino marchando al frente de un escuadrón de soldados armados.

«Prisioneros Masud y Chatuluka, ¡un paso al freeen...te!», ordenó Nassor con tono militar. Un hombre feliz y un hombre triste salieron escoltados por el escuadrón.

Nassor y su comitiva marcharon hasta la puerta principal del salón donde el rey celebraba su cumpleaños. Allí se detuvieron y esperaron... y esperaron.

Las puertas del salón se abrieron y la música cesó. El rey se puso de pie y extendió la mano hacia la puerta. Era la orden para que Nassor avanzara.

«¡Maaaaar...chen!», ordenó Nassor.

El escuadrón con los dos prisioneros en el medio avanzó por el salón y, cuando el rey bajó el dedo índice de su mano extendida, Nassor volvió a gritar.

«¡Aaaaalto!», fue la orden del jefe de la prisión. Se encontraban a escasos 20 metros de la mesa real.

Todos los oficiales estaban recostados alrededor del rey de modo que sus rostros siempre contemplaban a su soberano. Los platos estaban repletos de exquisitos manjares, pero nadie comía. Las copas estaban llenas y los esclavos con las jarras de vino estaban parados detrás de los comensales, pero nadie bebía.

«¡Masud, mi querido y fiel servidor! —comenzó el rey—. ¡Cuánta falta me has hecho en estos días! Todos estos siervos que me rodean son torpes y tengo que andar explicándoles cómo hacer las cosas todo el tiempo. Pero tú, mi queriiiiido Masuuuuud, tú siempre estás un paso adelante en mis pensamientos y sabes qué necesito. Como muestra de mi aprecio y reconocimiento, te vuelvo a nombrar oficialmente mi copero principal. Puedes volver a tu trabajo, ¡ahora!».

Nassor saltó detrás de Masud y soltó las cadenas del copero, quien salió corriendo y se postró completamente delante del rey, con su rostro en tierra. No paraba de dar las gracias por su generosidad.

«¡Basta, basta!», dijo fastidiado el rey, mientras giraba la cabeza para mirar a Chatuluka.

«Pero tú, rata traidora... —dijo el rey señalando con su dedo al pobre Chatuluka—. Intentaste envenenarme con tus panes aromáticos.

Por tu traición, pagarás con tu vida. ¡Córtenle la cabeza! Después, aten su cuerpo al palo más alto de Egipto para que todos vean cómo tratamos aquí a los traidores. ¡Llévense a esa basura!».

Nassor tuvo que levantar a Chatuluka del suelo, mientras lloraba y pedía clemencia.

Nassor quiso ordenar a sus soldados que marcharan, pero solamente le salió un ruido aflautado. No importó. Sus soldados entendieron; dieron media vuelta y marcharon ordenadamente hacia la puerta. Los gritos de Chatuluka eran escalofriantes.

Mientras marchaban hacia la prisión, Nassor hizo una seña a sus soldados. Un soldado tomó a Chatuluka por las manos atadas a su espalda, sosteniéndolo, mientras otro de atrás lo empujó hacia adelante. Chatuluka se iba de narices al suelo.

Nassor fue más rápido que una serpiente. Mientras Chatuluka caía al suelo, con un giro certero, desenvainó la espada corta que llevaba al cinto y, de un solo movimiento, le cortó la cabeza al panadero.

Nassor y sus soldados completaron la misión que les dio el rey. A la mañana siguiente, Egipto amaneció con un cuerpo degollado colgando en lo más alto del palo principal de la plaza del mercado.

*****

Todo lo que yo había dicho que pasaría, había acontecido.

¿Estaba contento? Sí y no. Sí porque pude confirmar que Dios seguía conmigo y me había dado la sabiduría necesaria para interpretar correctamente los dos sueños. Y no porque no es placentero decirle a un hombre que va a morir...

Pero tampoco estaba contento porque Masud se olvidó completamente de mi pedido especial de hablarle al rey de mi caso. Por eso seguía en la prisión...

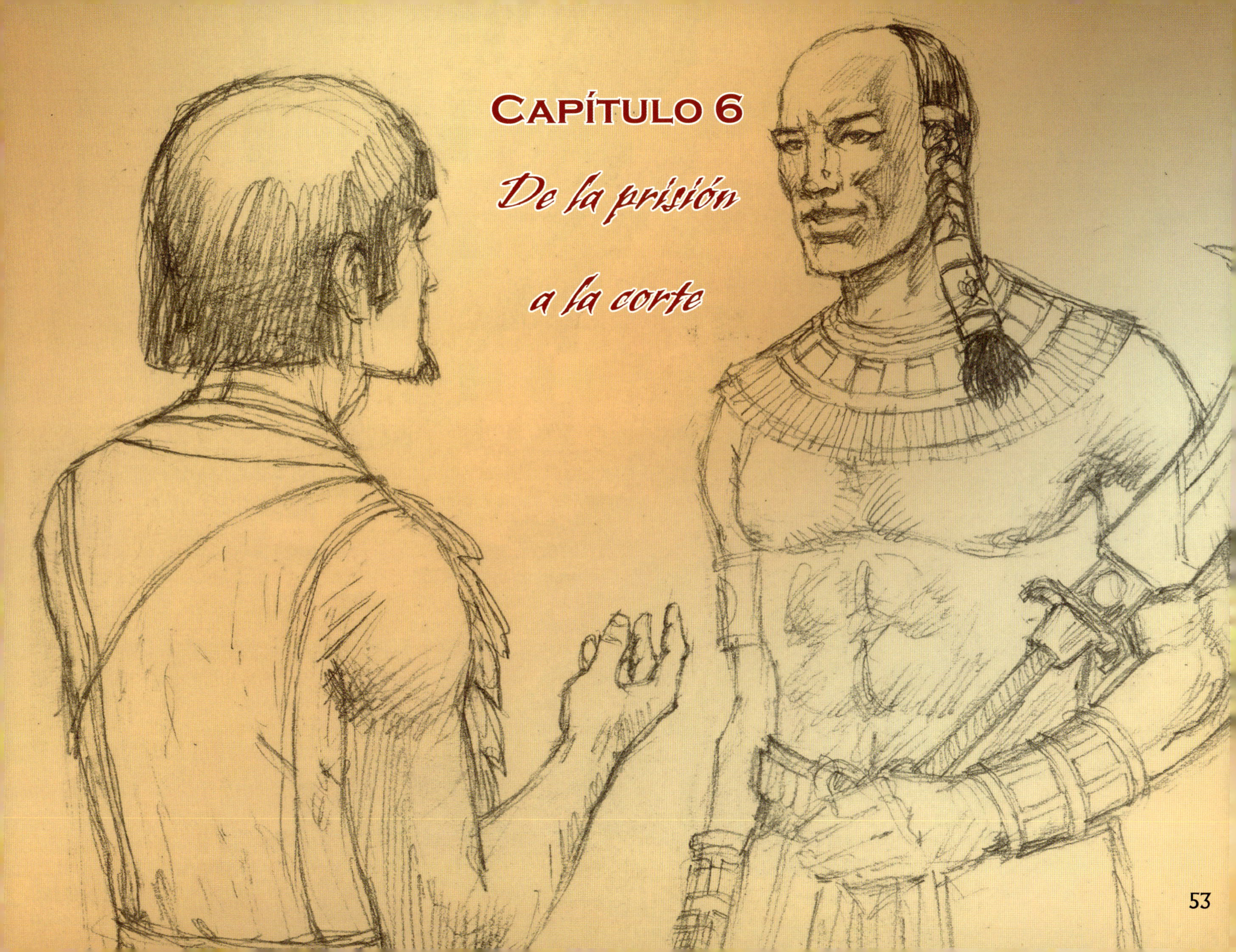
Capítulo 6
De la prisión
a la corte

Pasaron dos largos años. No dejaba de recordar la promesa de Masud de hablarle al faraón de mí.

¡Cuántas veces durante estos años recordé los sueños que Dios me había dado! Nada de esos sueños cambió; pero sí mi manera de ver las cosas. Comprendí que los sueños no tenían que ver conmigo ni que yo era más importante que mis padres y mis hermanos. ¡Qué tonto había sido al creerme el centro del universo!

Sin embargo, mi fe se fue perfeccionando y el tiempo me ayudó a madurar. Según mis cálculos, ya tenía unos 30 años. Comprendí que Dios tenía un plan y que yo solamente jugaba una pequeña parte en él. ¡Tal vez ese plan de Dios afectaría la vida de millones de personas en el futuro y miles de años más adelante!

¿Acaso era posible que estar en esa cárcel fuera parte del plan de Dios? ¿Es posible que Dios controle todas las adversidades que pasamos para que Su plan tenga éxito?

Una mañana, hubo ruidos afuera. Nassor y su escuadrón de soldados acababan de entrar por el portón de la prisión.

«¡José! ¡Joséeeeeeee! ¡Ven aquí!», gritó Nassor.

Yo estaba en la cocina, como todas las mañanas, preparando la comida para la guardia y para los prisioneros.

Cuando llegué a donde estaba Nassor, dos soldados me levantaron por el aire y me llevaron al patio de la prisión. Detrás venía el barbero del faraón y un esclavo llevando un baúl bien pesado. Me bañaron, me afeitaron y peinaron al estilo egipcio y me perfumaron. Del baúl, sacaron ropas nuevas y me probaron varias prendas hasta que estuvieron satisfechos.

«El faraón te ha mandado a llamar —informó sonriente Nassor—. Y no podemos llevarte delante de él mal vestido y maloliente. Parece que el copero finalmente le habló al faraón de ti».

El corazón me latía a mil por minuto. Las piernas me temblaban. Por dentro, le hice mil preguntas a Dios… ¿era este el momento esperado?

«¡Vamos! No debemos hacer esperar al faraón…», me apresuró Nassor, dándome un golpe en la espalda.

Con guardia por delante y por detrás, Nassor me condujo casi corriendo hasta el palacio.

«Anoche, el faraón tuvo dos sueños y quedó muy perturbado porque no los ha podido entender —comenzó a contar Nassor—. Dice que no son sueños comunes, que son mensajes de los dioses».

«Cuando el faraón me comisionó para buscarte, había un revuelo en la corte y en el palacio. Gente corriendo por todos lados. Los sacerdotes de todos los templos de Egipto fueron convocados y están haciendo sus ceremonias y sacrificios. Nunca vi semejante despliegue. Hasta noté algunos sacerdotes cortándose con cuchillos y aullando como lobos. Algo sumamente importante debe estar por pasar».

Ya faltaba poco para llegar y los sonidos que se escuchaban eran inhumanos. Tal era el frenesí y la locura que sentí una opresión en el corazón y un dolor de cabeza como si me estuvieran clavando mil agujas en los ojos y en los oídos.

Tuve que orar a Dios para que me protegiera de tanta presencia y opresión demoníaca. Se había desatado el infierno alrededor del palacio. Pude sentir la poderosa mano de Dios posándose sobre mí y me invadió una paz reconfortante.

Pasamos por varios puestos de guardia del palacio y llegamos a las puertas del aposento del faraón. Estas se abrieron de par en par y Nassor me acompañó hasta unos metros delante del rey.

La habitación real era inmensa, con columnas altas y ventanales en las partes superiores de las paredes a través de las cuales entraba la luz. Siempre hace calor en Egipto, pero esta habitación era muy fresca. De las paredes, colgaban cortinados de lino finísimo de colores vivos que realzaban las paredes blancas. El faraón estaba sentado sobre un sillón muy grande y lleno de almohadones, con un respaldar que superaba los dos metros. Detrás de él, había seis esclavos que abanicaban al rey sin cesar. La pared lateral estaba tallada con las victorias y conquistas de la dinastía del faraón y, por delante, había una enorme mesa llena de frutas tropicales y copas grandes con todo tipo de jugos. Al costado opuesto, se encontraban los ministros y consejeros del faraón. Todos estaban de pie extenuados porque habían pasado muchas horas allí.

—Anoche tuve dos sueños —comenzó el faraón sin preámbulos— y hasta ahora, nadie ha podido decirme qué significan. No obstante, mi copero me informó que tú puedes interpretar un sueño inmediatamente después de escuchar de qué se trata.

—Yo no tengo esa capacidad, su Majestad —respondí con firmeza y sosteniendo la mirada del faraón—. Mi Dios es quien le dará la verdadera interpretación del sueño que ha tenido.

El faraón se había puesto en pie y bajado los seis escalones, y estaba mirándome a los ojos, como queriendo descubrir si le iba a mentir o no.

—Soñé que estaba a la orilla del río Nilo —comenzó el faraón; quién sabe cuántas veces había contado sus sueños esta mañana—. Vi siete vacas gordas y saludables salir del río y comenzar a comer el pasto. Después, las siguieron otras siete vacas flacas, pobres y de aspecto espantoso. Nunca había visto vacas tan terribles en Egipto. Estas vacas flacas se comieron a las vacas gordas. Pero lo increíble fue que no parecía que se las hubieran comido, porque seguían siendo tan flacas como antes. Enseguida me desperté.

El faraón suspiró profundo antes de seguir con su sueño.

—También soñé que veía siete espigas buenas y llenas que crecían en una caña. Luego, aparecieron otras siete espigas, pero eran flacas y quemadas por el viento del desierto. Estas espigas devoraron a las espigas buenas y llenas —contó perplejo el faraón. Entonces, se dio vuelta y me enfrentó nuevamente—. Les conté estos sueños a todos los adivinos, a los magos y a los sacerdotes... —dijo con tristeza—. Pero nadie sabe qué significan.

El faraón levantó las manos y las dejó caer pesadamente a sus costados, como resignándose a quedarse sin una respuesta.

—Su Majestad... —comencé—. Los dos sueños que tuvo en realidad son uno solo y significan lo mismo. Dios le acaba de revelar lo que va a hacer.

El faraón giró sobre sus talones y, antes de que yo terminara de hablar, estaba a 30 centímetros de mi rostro, su mirada clavada en la mía.

Los esclavos habían dejado de abanicar el aire alrededor del sillón del rey. Había un absoluto silencio. Misteriosamente, afuera también habían cesado todos los tamborileos, los gritos y los cánticos de los adivinos y sacerdotes.

—Las siete vacas gordas y las siete espigas buenas representan siete años, así como las siete vacas flacas y las siete espigas quemadas —seguí, dándole al faraón el significado del sueño tal como Dios me lo había revelado—. Es como le acabo de decir: Dios le ha revelado lo que va a hacer. Durante siete años, Egipto tendrá una sobreabundancia de granos, pero estos años serán seguidos por otros siete de miseria. Los buenos años serán olvidados y por todo Egipto habrá hambre y nadie se acordará de la abundancia anterior. Dios le ha dado estos dos sueños para informarle lo que ha decidido hacer y que lo hará muy pronto.

El faraón no pestañeó ni se movió durante un buen rato. Quedó paralizado.

Nada se movía. Nadie emitió sonido. Pero las mentes de todos volaban.

Finalmente, me animé a hacer una sugerencia. Sabía que nadie me la había pedido y que por esto podía ser castigado.

—Su Majestad... —dije en voz baja pero firme—. Usted debería buscar a alguien sabio y que sepa qué hacer en esta circunstancia, y darle autoridad sobre todo Egipto. Después, nombre gobernadores sobre distintas regiones del país que cobren un impuesto en granos del 20% sobre las cosechas durante estos siete años de abundancia. Deles la orden de almacenar el grano recolectado en silos controlados por usted. De este modo, se evitará la destrucción de su país a causa del hambre.

El faraón giró y enfrentó a sus ministros y consejeros para ver sus reacciones. Se levantó un murmulló en el salón mientras debatían el asunto entre ellos. Al rato, todos asintieron con las cabezas.

El rostro del faraón se encendió y levantó los brazos en señal de aprobación y profundo alivio. Comenzó a caminar de aquí para allá, y se acercó a la mesa donde estaban las frutas y los jugos. Arrancó unas uvas, comió una, pero dejó el resto. Luego, tomó un vaso largo y angosto lleno de néctar de durazno entre sus dedos índice y mayor. Tomó un sorbo del néctar y siguió paseándose de aquí para allá, pensativo. Balbuceaba por lo bajo.

De repente, clavó los talones en el suelo, se irguió estirando los hombros hacia atrás y levantó el mentón. Los ojos le brillaban.

—No hay nadie en todo Egipto que pueda manejar esta situación mejor que José, porque el Espíritu de Dios está con él —anunció resueltamente el faraón. Vino casi corriendo, me miró fijamente y el perfume del néctar de durazno que salía de su boca me inundó.

—José, tu Dios te ha mostrado estas cosas. No hay nadie más sabio que tú, así que, a partir de este momento, te pongo a cargo de mi palacio y todos tienen que obedecerte. Solamente yo estaré por encima de ti. ¡Eres el nuevo gobernador de todo Egipto! —declaró el faraón.

¡No pueden imaginarse lo impresionante que fue ver esa galería de rostros de los hombres más importantes de Egipto! Bronca, envidia, odio, sorpresa, admiración, amargura...

El faraón se quitó su anillo real y me lo puso en el dedo índice de la mano derecha. Eso significa que llevo la autoridad del rey y que tengo toda potestad para firmar cualquier documento con el mismo valor que si lo hubiera firmado el faraón mismo.

A continuación, el faraón tomó una capa de lino especial y me la colocó sobre los hombros. Era de su vestuario personal. Dio una vuelta alrededor de mí para ver cómo me quedaba y sonrió satisfecho.

Un ayudante personal se acercó y levantó un pequeño arcón dorado con esmeraldas incrustadas. El faraón abrió el arcón y

sacó una cadena con tres triángulos de oro enhebrados en el centro y me la colocó alrededor del cuello. Un ooooh generalizado se levantó en el salón.

Las piernas me temblaban y estaba transpirando como una catarata. Sin embargo, tenía la lengua seca como la de un loro.

Ahora ¿qué hago? ¿Qué digo?, me preguntaba mirando para todos lados, buscando algún indicio de qué hacer. Miré desesperado a Nassor. Nada. Estaba petrificado y mirando hacia adelante, tan sorprendido como yo.

El faraón me tomó de los hombros y me condujo delante de todos los ministros y los oficiales del ejército egipcio. Todos inclinaron sus cabezas en señal de reverencia, sin animarse a pronunciar palabra.

«¡Preparen mi carruaje y otro para José, el gobernador de todo Egipto!», ordenó el faraón, y mirándome con alegría, me palmoteó en la espalda.

El faraón comenzó a caminar rápido, casi corriendo. Entendí que debía ir con él, así que lo seguí unos pasos atrás. Detrás de nosotros, siguieron el ayudante personal del faraón y todos los ministros y jefes del ejército egipcio.

Salimos por el frente del palacio, donde estaban todos los sacerdotes haciendo sus hechizos y conjuros. Allí estaban todavía, pero en completo silencio, al comprender que habían fracasado y que sus dioses los habían abandonado. Había cientos de ellos. Algunos estaban completamente ensangrentados por haberse cortado para llamar la atención de sus dioses falsos, y otros estaban tan lastimados que no podían sostenerse en pie. Los gritos desgarradores se habían convertido en tristes lamentos de sufrimiento y dolor. Un espectáculo horrible.

«¡Saquen a estos charlatanes de mi palacio!», gritó el faraón agitando la mano.

El faraón bajó corriendo los escalones hacia los carros que ya habían llegado al frente del palacio. Su carro estaba adornado con toda pompa y un hermoso caballo blanco con la crin corta y la cola trenzada cabeceaba brioso, y levantaba y bajaba la pezuña derecha con fuerza, indicando que estaba listo para la acción. Era el caballo más hermoso que había visto en mi vida...

El faraón me condujo por las calles de la ciudad durante dos horas. La gente aclamaba el paso de los carros mientras los heraldos del rey proclamaban: «¡Abran paso a José, el nuevo gobernador de Egipto!».

CAPÍTULO 7

Hambre

por todas partes

Todo cambió para mí. Obviamente, no volví a la prisión. Tampoco volví a vestir como un esclavo. Pasé a vivir en una casa como un egipcio de la clase social más alta, con un vestuario nuevo de las mejores ropas egipcias, un carro nuevo en la puerta de mi casa y servidumbre que hacía todo lo que le ordenaba.

Muchas veces, pensé cómo me gustaría que me vieran así mi padre y mis hermanos... ¡Tantas veces pensé en ellos, en casa, en las reuniones familiares alrededor de Papá cuando nos contaba las historias del abuelo Isaac y del bisabuelo Abraham! Muchísimas veces repetí esas historias en mi mente e imaginaba que se las contaría a mis propios hijos. También rememoraba los sueños de Dios...

Durante los siguientes siete años, estuve sumamente ocupado. Las cosechas fueron tan abundantes que tuve que hacer construir silos por todo el país. No terminábamos de construir uno que ya había una caravana de carros trayendo más granos de trigo, maíz, centeno, lino y girasol. Por donde uno pisara, había granos de algún tipo.

Recorrí todo el país de punta a punta muchas veces cada año. Cada vez había más graneros y más silos. Mi oficina en el palacio del rey se convirtió en una montaña de rollos de papiro con los registros de los graneros y los silos. Puse tres secretarios para que clasificaran los registros por zona geográfica; dentro de cada zona, por ciudad; y dentro de cada ciudad, por plantación. Eran miles de rollos. Tuve que tomar dos oficinas más para usar como archivo.

Todos los días, el faraón pasaba para saludar y para hacer siempre la misma pregunta: «¿Cómo anduvo todo hoy?».

Mis secretarios comenzaron a bromear y le cambiaron el nombre. Sí, adivinaron. Lo empezaron a llamar «¿Cómo anduvo todo hoy?». Así que cuando vino un día, nos pusimos todos de acuerdo y, antes de que pudiera saludarnos con su pregunta habitual, todos nosotros gritamos a una: «¿Cómo anduvo todo hoy?».

No se esperaba la broma, pero terminó riéndose a carcajadas con nosotros.

Nos hicimos grandes amigos. Un día, se sentó en mi oficina y, mientras todos estábamos atendiendo nuestros asuntos como todos los días, dijo algo inesperado.

«¡José! No es bueno que el hombre esté solo —reflexionó mientras golpeaba mi escritorio con la palma de la mano— No señor. Nada bueno. Así que, José, mañana te vas a casar».

Todos comenzamos a reír. Mucho. Hasta que nos dimos cuenta de que el faraón no se estaba riendo. Su rostro estaba duro como una piedra y nuestras risas se fueron apagando. Mis secretarios desaparecieron como por arte de magia.

«Pe-pero, ¡si no tengo con quién!», tartamudeé torpemente frente al faraón.

«Pero yo sí. Te casarás con Asenat, la hija de Potifera, sacerdote de On —respondió alegremente el faraón, y levantándose, hizo todos los demás arreglos—. Mañana. A esta hora. En el palacio. Mis sirvientes se encargarán de todos los preparativos».

Sin más, salió a toda velocidad no sé adónde.

Detrás de la puerta, escuché cuchicheos. Luego risitas. Después, carcajadas. Cuando abrí la puerta, mis secretarios salieron corriendo por el pasillo, anunciando a todos lo que había dicho el faraón.

No conocía a esa mujer. Traté de visualizar a los sacerdotes de On. Uno era un viejo retorcido y narigón. Me imaginé cómo sería una hija de este hombre. Le agregué cabello largo y pestañas negras, pero me resultaba difícil imaginarla sin la barba de

chivo. El resultado de esa composición me revolvió el estómago, al imaginar darle un beso a una bruja así. Los otros sacerdotes que conocía eran demasiado jóvenes para tener hijas casamenteras, así que los descarté. No, no tenía la menor idea de quién era Asenat.

¿Cómo salió todo? ¿Esta mujer tiene barba de chivo? ¿Es fea como una bruja? ¿Es vieja, encorvada y con una nariz ganchuda? ¿Tiene la voz aflautada como una cotorra? ¿A la mañana tiene el aliento de un hipopótamo? Estas fueron algunas de las preguntas que me hicieron mis secretarios después del casamiento con Asenat.

«¡Sí! Todo eso y peor todavía. ¡Tiene un ojo más grande que el otro, una oreja con lepra y piernas curvadas como si estuviera montando una mula embarazada! Cuando se ríe, se le ven solamente un par de dientes negros arriba y cuatro abajo, y la lengua es de color verde como el sapo», describí, y con cada detalle, hacía ademanes imitando a una verdadera bruja.

«¡A trabajar!», les grité, arrojándoles la cáscara de la banana que acababa de comer.

Al darse vuelta para esquivar la banana, se tropezaron con una hermosa mujer que venía hacia ellos, elegantemente vestida y arreglada como una princesa. Pasó riéndose junto a ellos, porque había escuchado la descripción de mi esposa.

«¡Hola, esposo mío!», susurró con dulzura sensual Asenat.

Y, sin mirar a los tres muchachos, cerré la puerta con fuerza; pero alcancé a escuchar los «uuuh» de los tres.

✱✱✱✱✱

«Cómo anduvo todo hoy»; es decir, el faraón, ya no venía tanto por la oficina. Yo tampoco.

Ya no había cientos de rollos para archivar todos los días. En realidad, ni siquiera uno por día. Hacía meses que no se construían más silos ni había caravanas esperando descargar granos.

En todo el país, había sequía. La cosecha se arruinó por completo, y no se pudo recoger nada. Los agricultores estaban como locos. Nada.

No había agua. Las pasturas se habían quemado. Los animales no encontraban alimento. El calor era sofocante. En pocos meses, el ganado estaba espantosamente flaco. Nunca se vieron vacas tan flacas en Egipto.

Poco a poco, los puestos de todos los mercados de Egipto fueron cerrando. No había carne. No había fruta. No había vegetales. No había granos.

La gente comenzó a sentir hambre.

✱✱✱✱✱

—¡Papá, papá! —vino corriendo Efraín y se tiró en mis brazos.

Lo abracé y lo besé con ternura. Efraín tenía cuatro años. Manasés, su hermano mayor, tenía seis. Ambos estaban jugando a la sombra de una carpa mientras Asenat miraba desde la cocina, supervisando los preparativos para la cena familiar.

—¡Temprano otra vez! —comentó Asenat, intrigada al verme tan temprano en la casa—. ¿Sucede algo malo?

—Es la calma que anuncia la llegada de la tormenta —respondí, dejándome caer en una silla.

—No estás hablando de lluvia, ¿verdad? Porque si fuera la llegada de la lluvia, entonces se acabaría esta sequía. ¿Qué va a pasar, José? —preguntó afligida Asenat.

—Se acabó definitivamente el tiempo de las vacas gordas. Ya pasaron los siete años de prosperidad —anuncié—. Ahora, vienen

68

las vacas flacas y se van a comer todo lo que hemos acumulado durante estos últimos siete años, tal como lo dijo el Señor en el sueño del faraón.

★★★★★

De muchos pueblos cercanos y aun de lugares desconocidos, comenzaron a llegar caravanas de mercaderes que querían comprar alimento. Había corrido la noticia de que en Egipto había abundancia debido a las excelentes cosechas de estos últimos años.

Sin embargo, los mercados estaban desiertos. En ninguna parte había nada, y la gente comenzó a morir de hambre. Por todos lados se extendieron la miseria, el hambre y la muerte. La desesperación y el miedo inundaron el mundo.

—¡José! ¡Joseeeeé! —gritó el faraón—. ¡Traigan a Zafnat-panea! —porque ese era el nombre que me dio a partir del día que entré a su servicio.

Cuando me presenté ante el faraón, estaba hecho un manojo de nervios. Caminaba de aquí para allá, se sentaba en el trono, se volvía a parar. Los ministros deliberaban a su alrededor y hablaban todos al mismo tiempo dando sus razones, pero en realidad nadie prestaba atención.

—¡Ah! ¡Por fin estás aquí! —saltó el faraón—. ¡Me informan que la gente está muriendo por todas partes! Hay un centenar de delegaciones que han llegado de los países vecinos pidiendo audiencia y queriendo comprar alimentos para sus pueblos. ¡Son las vacas flacas!

La voz del faraón se aflautó de los nervios. Los ojos le brillaban y las manos no paraban de temblar.

—¡Sí, lo sé! Pero nos hemos estado preparando para la llegada de este día; tenga paz, su Majestad. Dios está con nosotros —le contesté con toda tranquilidad—. Ahora es cuando comenzamos a abrir los graneros y los silos que hemos acumulado. Estos siete años también pasarán y lo que Dios nos ha dado en abundancia será suficiente para esta escasez.

—¿Será suficiente para nosotros y para todos los demás también? —preguntó dudando el faraón.

—¡Sí! Será suficiente para alimentarnos a todos y también para volver a sembrar cuando vuelvan los tiempos mejores —respondí, sabiendo que Dios siempre tiene el control y Sus cálculos son exactos.

El faraón se había acercado tanto a mí que sus ojos estaban a escasos diez centímetros de los míos. Su mirada era penetrante y estaba examinando mi confianza en mi Dios.

—¡Hagan todo lo que Zafnat-panea les diga! ¡Exactamente lo que él diga! —ordenó el faraón.

CAPÍTULO 8
Hambre en
Canaán
71

«¡Se terminó! No quedó nada», le informó Judá a Jacob.

Jacob le había pedido a Judá que trajera alimento de las reservas de la familia porque se habían terminado las provisiones. Aunque todos los hijos de Jacob eran casados, excepto Benjamín, el menor, y cada uno vivía con su familia en su propia tienda, acostumbraban a reunirse para comer todos juntos.

Hacía meses que venían usando las reservas, y aunque salían a comprar granos y comida para el ganado todos los días, siempre volvían con las manos vacías.

«No hay. Nadie tiene nada para vender», era la misma respuesta todos los días.

No podían llevar al ganado a otras tierras lejanas porque los informes de esas tierras eran iguales a lo que estaba sucediendo en Canaán. Todo seco. Llevar el ganado lejos equivalía a matarlo porque no iba a resistir la caminata sin comida ni agua.

Un día, uno de los sirvientes de Jacob se acercó a una caravana de mercaderes que volvía de Egipto y observó que iba cargada de bultos de cereales. Los mercaderes le dijeron que en Egipto había abundancia de granos y que habían comprado allí todo lo que necesitaban para su pueblo.

«Amo Jacob, en Egipto se puede comprar granos de todo tipo —informó alegre el siervo—. La caravana que pasó iba cargada de bolsas de cereal egipcio. Mande a comprar allí».

Jacob se levantó enseguida y convocó a sus hijos. Les comunicó la noticia que había traído su siervo.

—Muchachos, salen mañana para Egipto para comprar trigo, porque si no, nos morimos de hambre: yo, ustedes, sus familias, nuestros siervos y nuestro ganado —dictaminó Jacob—. No pierdan tiempo, ¡comiencen los preparativos ya!

—Pero, ¿por qué tenemos que ir todos? Si van dos o tres con varios asnos y algunos sirvientes es suficiente —dijo Rubén.

—Si es tiempo de escasez, posiblemente racionen la venta y entreguen solamente a los jefes de familia. Si van dos o tres, traerán solamente para dos o tres familias, pero si van todos, volverán con más provisiones —respondió sabiamente Jacob.

—Benjamín, tú no vas —añadió secamente Jacob.

—Pero, Papá, tú dijiste que era necesario que fuéramos todos para traer más provisiones —contestó sin entender nada el muchacho.

—Sí, eso dije —respondió Jacob, apoyando una mano sobre su hombro, mientras todos los demás escuchaban atentamente.

—¿Entonces...? —interrumpió Benjamín, quien era solamente un adolescente.

—¡Nada! No vas. Ya perdí a tu hermano José y a tu madre. No quiero que te pase nada a ti —dijo Jacob y, poniendo punto final al tema, se dio media vuelta y se fue.

Ya era de noche cuando los diez hermanos terminaron de preparar los bolsos con las ropas, los animales, el dinero para las provisiones, el alimento y el agua para ellos y los animales. Se sentaron y planificaron la ruta y la hora de la salida. Partirían antes del amanecer para viajar con el fresco de la noche y antes de que hiciera demasiado calor. Decidieron hacer dos paradas para descansar y evitar las horas de intenso calor al atravesar las zonas desérticas, pero también evitando moverse de noche por el peligro de los ladrones nocturnos de caravanas.

Por último, entraron en la tienda de su padre Jacob para pedir su bendición y se despidieron en paz.

CAPÍTULO 9

¡Ustedes son espías!

Si bien estaban preocupados por la falta de alimentos que había en Canaán, el asombro y la preocupación de los hermanos fueron en aumento a medida que se acercaban a Egipto.

La ruta de las caravanas se fue poblando más y más. Cuando los hermanos llegaron, buscaron un establo amplio donde acomodar los asnos y dejar sus bultos personales.

—Rubén, vamos a preguntarle a esa familia que está cargando bolsas de granos en sus camellos. Seguramente nos dirán dónde está el mercado y a quién hay que ver —comentó Judá—. De paso, también podemos preguntarles a qué precio se está vendiendo el trigo y cuánto se puede comprar.

—Sí, claro. Es muy sencillo —comenzó el hombre sonriendo, mientras ataba la segunda vuelta de la tira de cuero alrededor del saco de granos sobre el camello, justo al lado de otros dos sacos iguales—. Tienen que solicitar una entrevista con el gobernador de Egipto, que se llama Zafnat-panea —continuó el hombre, ahora mirando a los ojos a Rubén y a Judá—. Tienen que hacerle el pedido a él, acordar el precio, pagarle y después él les dirá dónde tienen que ir para que les entreguen el pedido.

—¿Cómo son los precios que se están negociando? —preguntó Judá antes de que Rubén pudiera abrir la boca. Aunque como

—¡Buenos días, buen hombre! —comenzó amablemente la conversación Rubén, dirigiéndose al que evidentemente era el jefe de la familia—. Acabamos de llegar y necesitamos comprar trigo para nuestra familia, como ustedes. Por favor, ¿podrían decirnos dónde tenemos que ir y a quién tenemos que ver?

hermano mayor, Rubén podría haberlo hecho callar, sabía que Judá era mejor negociador que él. Siempre conseguía sacarles ventajas a todos.

—¿Negociar? —el hombre soltó una carcajada—. Con Zafnat-panea no se negocia. Se paga y punto. El precio es el que él quiere. Va de acuerdo a lo que ve y considera. A mí me fue bien porque le pedí solamente para mi familia, pero vi cómo trató a un mercader de oriente. Se dio cuenta enseguida de que estaba comprando para especular y revender a mayor precio; le asignó solamente una bolsa de 20 kilos y lo mandó a retirarla al granero más lejano de Egipto. Cuando el oriental se quejó, el gobernador le aumentó el precio al doble, se dio media vuelta y se fue.

—¿Dónde encontramos al gobernador? —preguntó Rubén.

—Tienen que presentarse en la entrada lateral del palacio del rey, frente a la plaza central —respondió el hombre, señalando la

estaban descansados y listos para ir de compras. Fueron de los primeros asistentes en la entrada lateral del palacio del rey, pero no querían ser los primeros. La estrategia era observar, escuchar y aprender cómo funcionaba la cultura local.

La plaza y los alrededores del palacio fueron llenándose de personas. Con la aparición de los primeros rayos de luz, se abrieron las puertas del palacio y salieron los secretarios y los tesoreros para ocupar sus lugares en las mesas que colocaron delante de la puerta lateral del palacio.

*****

calle detrás de los hermanos.

—Gracias, buen hombre, por la ayuda —dijo cortésmente Rubén y los dos se inclinaron en señal de saludo, como era costumbre en Canaán.

Al día siguiente, antes del amanecer, los diez hermanos

Con los primeros rayos del día, salí detrás de los secretarios y los tesoreros para ocupar mi asiento de gobernador en el estrado afuera del palacio.

—¡Que pase el primero! —ordené, sentándome y apoyando mis rollos con notas sobre la mesa a mi costado. Levanté la vista para observar al primer cliente del día.

Era una familia egipcia del sur; seguramente un ganadero, por su forma de vestir.

—Noble gobernador Zafnat-panea: este humilde servidor necesita de su bondadosa ayuda —comenzó el ganadero con su tonada clásica de las tierras del sur—. Por favor, véndanos trigo para mi familia y alfalfa para nuestro ganado que se está muriendo de hambre. No nos ha quedado nada de la cosecha.

—Buen hombre, al faraón le complace extenderte su bondad y compasión —respondí con sentidas palabras, porque veía la sinceridad del hombre—. Te venderemos cinco bolsas de trigo para que tu familia pueda vivir dignamente y dos quintales de alfalfa para tu ganado. Y cuando pase este tiempo de escasez, también te asignaremos una ración de semillas para que puedas volver a sembrar.

—¡Siguiente, por favor! —grité.

Cuando vi que pasaron diez hombres juntos y con vestidos que reconocí enseguida como cananeos, las piernas me temblaron y el corazón se me paralizó.

¡Eran mis hermanos! ¡No podía ser! ¿Qué hacían en Egipto?

Los conté. Rubén al frente. Claro, porque era el mayor y tenía que representar la autoridad paterna. Simeón y, junto a él, siempre pegado como una mosca, Leví. Detrás, pero a unos pasos de distancia, estaba el grandote de Judá, pero ahora no me parecía tan gigante como antes. Después, Zabulón, el que siempre quiso conocer el mar. El torpe de Isacar… era fácil darse cuenta de quién era, porque siempre se estaba tropezando con algo, aunque fuera un grano de mostaza. Y en ese mismo momento, se llevó por delante a Isacar, que le dio un codazo en las costillas. Allí estaba Dan, sigiloso y hábil para parecer siempre inocente y atento. Gad… Extraño y difícil de descifrar. Aser… Lo único que recordaba de él es que siempre andaba por la cocina viendo qué podía comer. Y atrás, el rezagado de siempre, el distraído de Neftalí, mirando para todos lados menos para adelante.

Diez. ¡Faltaba el hermano menor! ¿Lo habían traído?

Decididamente, no me convenía hablar. Se iban a dar cuenta enseguida de que era yo. Estaba muy nervioso y a punto de llorar. Me estaba muriendo de ganas de saltar y abrazarlos.

Me puse de pie y levanté las manos para que se detuvieran. No quería que se acercaran demasiado.

—¡Baniti! ¡Baniiiiitiiiii! —grité, impostando la voz para disfrazarla—. ¡Ven aquí de inmediato! Estos hombres son cananeos y no pueden hablar el lenguaje del mundo civilizado. Hazme el favor de traducir esta conversación, que espero sea breve.

Baniti era un egipcio que hacía honor a su nombre, que significa «profesor». Era un excelente profesor de lenguas. Hablaba perfectamente arameo, acadio y sumerio. Muchas veces, charlamos sobre las historias orales que estos pueblos tienen acerca del origen del hombre, el gran diluvio y tantas historias sobre las civilizaciones que se perdieron.

El «profesor» Baniti vino corriendo y se puso al lado de los diez cananeos, pero sin saber quiénes eran. Al verlos, enseguida reconoció su origen y los saludó.

—Yo me llamo Baniti —dijo a modo de presentación—. El gobernador me ha pedido que sea el intérprete entre ustedes. Solamente hablen cuando él se lo indique, por favor.

Todos estaban en silencio, mirándome.

—¿De dónde han venido? Me doy cuenta por la vestimenta que no son de por aquí —dije en el idioma egipcio, calmo pero enérgico a la vez. Ellos no me conocieron así. Siempre me vieron como un mequetrefe.

Baniti tradujo.

—Venimos de la tierra de Canaán, señor gobernador. Queremos comprar alimentos —respondió Rubén.

En un segundo, todo mi pasado, mis dieciséis años con mis padres y con ellos, pasó delante de mis ojos. Todo el dolor de su desprecio. Los sueños que Dios me dio. La túnica de colores que me regaló Papá. El pozo. La caravana hacia Egipto. Todo.

Me caí en mi asiento.

—¡Mentiras! ¡Son mentiras! ¡Ustedes han venido como espías! —los acusé mientras los señalaba con el dedo—. Son espías de los cananeos que quieren descubrir nuestras debilidades para atacarnos y quedarse con toda la riqueza de Egipto. ¡Son espías!

Todos en la plaza enmudecieron. Baniti tradujo mis palabras, y los diez se quedaron petrificados.

Cuando Rubén pudo reaccionar, dijo con voz temblorosa:

—No, señor gobernador. Nosotros no somos espías. Somos todos hermanos, hijos del mismo padre, Jacob. Somos hombres honrados, no somos espías —pero la respuesta no sonaba convincente.

Yo entendí todo, por supuesto, pero Baniti tradujo al egipcio. Se levantó un murmullo entre la gente.

—¡No te creo! Vinieron para descubrir las debilidades de nuestras defensas —grité nuevamente, señalando con el dedo.

Baniti tradujo otra vez. Ahora, los diez comenzaron a hablar al mismo tiempo, buscando defenderse.

—Somos doce hermanos que vinimos de la tierra de Canaán, pero el menor está con nuestro padre y el otro dicen que está muerto —dijeron entre todos, enredándose cada vez más.

Baniti tradujo lo que pudo, pero no hizo falta. Yo ya había entendido todo.

—¡Ajá! Se descubrieron solos. Primero dicen que son diez. Ahora dicen que son doce. Diez están acá, uno en su casa y el otro está escondido espiándonos. Es lo que yo dije. ¡Son espías! —grité con mayor seguridad. Se me había ocurrido un plan.

Baniti volvió a traducir. Mis diez hermanos estaban completamente perdidos y no sabían qué decir ni hacer.

—¡Quedan arrestados por espionaje contra el faraón de Egipto! —anuncié con voz firme, como si fuera el juez dictando sentencia—. Serán mis prisioneros hasta que traigan aquí a su hermano menor.

—¡Guardias! Llévenle estos cananeos a Nassor y échenlos a la cárcel del faraón —ordené señalando a mis hermanos con el índice extendido.

Baniti tradujo palabra por palabra.

✳✳✳✳✳

Dejé pasar tres días, pero Nassor me mantuvo informado de todo. Mandé que el anciano de los tres pelos y la nariz torcida, el cocinero de la prisión, preparara comida decente para mis prisioneros especiales.

Entonces, fui con Baniti a la prisión de Nassor.

«Nassor, abre las puertas de las celdas de los cananeos, por favor», le pedí al carcelero.

«¡Sí señor, enseguida, señor!», respondió con el tono característico de los militares.

Nassor se adelantó junto con los guardias para cumplir con la orden. Descendimos a las celdas que había usado yo durante años.

—Bueno, bueno, bueno —comencé a decir, frotándome la barbilla—. Vamos a ver si son tan honestos como dicen. Si están mintiendo, voy a enterarme. Uno de ustedes va a quedarse acá como mi prisionero. El resto regresará con el alimento que necesitan para salir de la situación de hambre que hay en su parte del mundo y, sobre todo, para traerme a su hermano menor. Eso... es ¡si que existe!

Baniti fue traduciendo a medida que le dejaba un espacio en silencio.

—Si existe y lo traen, entonces vivirán —dije bajando la voz hasta que fue casi un susurro—. Pero si no existe y no lo traen... entonces...

Baniti imitó perfectamente bien lo que dije, hizo las pausas y también bajó la voz.

—¡Morirán! —grité golpeando la puerta de la celda con el puño cerrado.

Baniti tradujo imitándome nuevamente.

Podía ver gotas de transpiración aparecer en la frente de varios de mis hermanos. Empezaron a hacer comentarios por lo bajo entre ellos.

—Esto nos está pasando como castigo por lo que le hicimos a José —dijo Simeón.

—¿Ya vieron? ¡Les dije que no lo hicieran! —respondió Rubén—. No quisieron hacerme caso y ahora estamos pagando nuestras culpas.

Sentí como si fuego me quemara en los ojos. Tenía unas ganas locas de llorar. Fingí tener que hablar con Nassor, pero en realidad tenía que salir de allí enseguida, antes de que me traicionaran las lágrimas.

Cuando estuve suficientemente lejos y nadie podía verme, me solté y lloré como nunca había llorado antes. Sí, a pesar de todo lo que sufrí, nunca antes había llorado de esta manera, con el corazón destrozado. Me di cuenta de cuánto me dolía. Realmente me dolía.

¿Alguna vez te pasó algo así? Para mí, fue descubrir algo nuevo de mí mismo que desconocía. Tenía 30 años y acababa de descubrir algo de mí mismo. Por si te lo preguntas, no estaba loco...

Cuando pude recomponerme, volví a la celda de mis hermanos.

Sin decir una sola palabra, me metí entre ellos, empujando a Neftalí y a Rubén con los codos, como diciéndoles salgan de mi camino.

Tomé a Simeón del brazo y lo arrastré hasta afuera. Lo giré para que me diera la espalda y, tomándole las muñecas, se las até con una soga para los presos revoltosos.

Miré a Baniti y le hice un gesto para que tradujera.

«Este hombre se queda acá en la cárcel como garantía de que ustedes volverán con su hermano menor —dije enérgicamente— Todos los demás tomen dos bolsas de trigo cada uno, carguen sus animales, vuelvan a su tierra, y traigan enseguida a su hermano menor. Si no lo traen, haré decapitar a este».

Baniti tradujo cada palabra.

«Nassor. Este cananeo es ahora tu huésped —dije en egipcio al jefe de la cárcel—. A los otros nueve, por favor, llévalos en una hora al palacio para que les pueda asignar una cuota de granos».

«Sí, señor. Enseguida, señor —respondió Nassor— Vaya tranquilo, señor».

✦✦✦✦✦

Cuando tuve los veinte sacos de trigo que necesitaba delante de mí, me froté las manos y sonreí.

—Bueno, ahora díganles a los tesoreros que traigan 40 monedas de plata que corresponden al pago de los 20 sacos —dije riendo a los secretarios—. Escondan dos monedas de plata en cada uno de los sacos.

Los secretarios se miraron extrañados, pero hicieron todo lo que les pedí. Sabían muy bien que no era momento para hacer preguntas.

Me senté en mi sillón y esperé. Al rato, anunciaron la llegada de Nassor con los cananeos. Di la orden de hacerlos pasar.

Cuando Nassor los hizo pasar, el miedo se podía leer en los rostros de todos mis hermanos. Era evidente que estaban desorientados.

Me puse de pie lentamente y suspiré, dejando que la intriga aumentara. A esta altura, todos estaban sorprendidos. Los secretarios, los tesoreros, el profesor Baniti, Nassor, la guardia de la cárcel, los esclavos. Todos. Ah, claro, mis hermanos también…

Con el índice, le hice señas a Baniti para que se acercara.

«Aquí les vendo 20 sacos de trigo —dije lentamente y dejando espacio para que Baniti pudiera traducir—. Dos para cada uno, incluyendo al que queda aquí como prisionero. El total que deben pagarles a mis tesoreros es de 40 monedas de plata. Dos monedas por cada bolsa. Un precio más que generoso, teniendo en cuenta que ustedes son espías».

Rápidamente, mis hermanos sacaron las monedas de entre sus ropas y se las dieron a los tesoreros, mientras balbuceaban afirmando su inocencia y su gratitud.

«El pago está completo, señor», dijeron los tesoreros.

«Bien, tomen los sacos y salgan enseguida para su tierra —ordené con voz de enojado—. Vuelvan con su hermano menor o pronto habrá uno menos de ustedes».

*****

El gobernador Zafnat-panea era un misterio indescifrable. Por un lado, había tratado a los hermanos de espías, pero por el otro, les había vendido granos en forma generosa y a menos de la mitad del precio que a todos los demás en la plaza. Como si esto fuera poco, cuando estaban saliendo del palacio, los secretarios les dieron alimentos para todo el viaje de regreso a Canaán.

—Debe haber una trampa —dijo Judá—. Ese hombre es frío y calculador. Estoy casi seguro de que tiene un plan oculto y estamos por caer en su trampa. Abramos bien los ojos.

Aser estaba preparando la cena.

—¡Neftalí! Ya que no tienes nada que hacer, dale de comer a los asnos, por favor —ordenó Aser.

Resoplando, Neftalí tomó uno de los sacos de granos y lo abrió hábilmente con su cuchillo. Comenzó a volcar los granos para los asnos. De pronto, dos enormes monedas de plata salieron del saco y rodaron por el suelo.

—¿Qué demonios es esto? —exclamó Neftalí—. ¡Oigan, vengan a ver esto!

Todos acudieron corriendo.

—¡El egipcio nos ha tendido una trampa! Estas son las monedas que le dimos para pagar los sacos —dijo Neftalí, desesperado y temblando.

—Lo único que sé con toda claridad es que estamos acabados —concluyó Rubén—. Volvemos a casa y Papá nos mata. Pero si Papá no nos mata, cuando volvamos a Egipto, el gobernador nos

mata por robarle el dinero de los sacos. Como quieran mirarlo, ¡estamos muertos!

El resto del viaje a Canaán fue un debate sin solución al dilema. Todo indicaba que los problemas recién estaban por comenzar.

✶✶✶✶✶

—¡Hola, Papá! —saludó Rubén a Jacob. Los dos se fundieron en un abrazo. Los demás se quedaron unos pasos atrás, sin saber muy bien qué hacer.

—¿Qué pasa, hijos míos? —preguntó Jacob presintiendo algo extraño.

—Tenemos buenas y malas noticias, Papá —respondió Judá, acercándose en apoyo de Rubén—. Vamos a lavarnos y nos sentamos para contarte todo lo que nos pasó en Egipto.

Después de contarle a Jacob lo sucedido con lujo de detalles, como era de esperar, la reacción de Jacob no fue buena. Estaba furioso.

—Ustedes me van a matar —dijo Jacob angustiado y acalorado—. Primero, perdí a mi hijo José; ahora, por culpa de ustedes, perdí a Simeón. ¡Encima quieren llevarse a mi Benjamín!

Jacob se paró y caminaba por la tienda como un león enjaulado, a pesar de su vejez.

CAPÍTULO 10

Judá, el líder

Judá era el único que se animaba a enfrentar a Jacob. Veía que las raciones se iban consumiendo y nadie decía nada. Nadie tomaba decisiones. Su carácter era fuerte y le costaba mantenerse calmo ante la falta de acción de su padre.

Así, llegó el día en que comieron las últimas reservas de trigo.

—Muchachos, vuelvan a Egipto para comprar más alimentos —ordenó Jacob a sus hijos, que se miraron sin animarse a decir lo que pensaban.

Judá miró a sus hermanos, sobre todo a Rubén, y dijo por lo bajo: «Te lo dije».

Sin esperar una respuesta, Judá saltó y se plantó frente a su padre en una actitud desafiante.

—Papá, esto te lo dije hace tiempo —dijo enérgicamente Judá—. También te informamos cuando llegamos de Egipto que el gobernador Zafnat-panea nos advirtió que no lo veríamos si no llevamos con nosotros a Benjamín. No ver al gobernador significa que no nos venderán alimentos.

—Sí, pero les impuso esa condición por culpa del descuido de ustedes —replicó enojado Jacob—. No tenían por qué decirle que había un hermano menor con su padre. Ustedes me van a mandar a la tumba antes de tiempo.

—El gobernador hizo preguntas específicas sobre nuestra familia —acotó Rubén, apoyando a Judá— como si supiera de ti y también de Benjamín. Era imposible ocultarle la verdad.

—Está bien. Yo me hago responsable por la seguridad de Benjamín —dijo resueltamente Judá—. Si no te lo traigo de vuelta, yo me haré responsable. Pero vámonos ya porque hemos perdido demasiado tiempo. Si hubieras tomado la decisión cuando te lo dije la primera vez, ya habríamos ido y vuelto dos veces.

Jacob agachó la cabeza. Estaba avergonzado, porque Judá tenía razón. Su hijo lo había expuesto frente a la familia. Sin embargo, no era momento para lamentarse. Había que dar las instrucciones necesarias como patriarca que era. Pensó un poco, y luego declaró:

—Que así sea. Pero no pueden ir con las manos vacías. Lleven un presente al gobernador de Egipto; aunque sea poco, de lo mejor de nuestra tierra: bálsamo, miel, aromas y mirra, nueces y almendras. Lleven también el doble de dinero que la vez anterior. Además, lleven en la mano el dinero que se les devolvió equivocadamente en sus bolsas de alimento. Y a pesar de mi descontento, llévense también a Benjamín.

Jacob se puso de pie con mucha dificultad, como si una montaña de tristeza le pesara sobre los hombros. Se acercó a sus hijos y, extendiendo las manos, los bendijo:

—Que el Dios omnipotente los cuide en el camino de ida y vuelta, y les dé gracia para estar ante el gobernador de Egipto, para que les entregue a Simeón y no retenga a Benjamín —su voz se fue apagando y terminó luego de un suspiro profundo—. Pero si Dios me priva de mis hijos, que así sea.

Sin decir una palabra, los hermanos se retiraron de la presencia de Jacob.

*****

A la madrugada del siguiente día, diez hermanos salieron rumbo a Egipto. A medida que se acercaban a la tierra de las pirámides y del gobernador Zafnat-panea, los ánimos de los hermanos se fueron avinagrando y sus rostros se vistieron de incertidumbre.

Luego de acampar y cenar, los hermanos se sentaron alrededor del fuego. Durante un largo tiempo, las miradas quedaron clavadas en las llamas. ¿Volverían a ver a sus familias?

Zafnat-panea era un misterio indescifrable. Los hermanos estaban ensimismados en sus pensamientos: *¿Qué tendrá preparado para el próximo encuentro? ¿Qué habrá pasado con Simeón? ¿Se habrá dado cuenta de que nosotros tenemos el pago de los alimentos que nos vendió? ¿Y si insiste en que somos espías?*

Nuevamente, fue Judá quien tomó la iniciativa para hablar. Lo hizo con autoridad, como un verdadero líder. No solamente era el más grande físicamente, sino que estaba demostrando que ser hombre iba más allá de ser varón, de tener la primogenitura y de ser el más fuerte.

Ser hombre es saber asumir las responsabilidades, tomar las decisiones necesarias, y estar dispuesto a afrontar las consecuencias.

Ese era Judá.

Rápidamente, les explicó cómo se presentarían delante del gobernador, dónde se tenía que parar cada uno; sobre todo Benjamín, para que lo vieran.

—¿Y si nos acusa de haberle robado el dinero? —preguntó Leví, tratando de imaginar una situación más violenta.

—Allí mismo se lo devolvemos. Recuerden que Papá nos dijo que tengamos ese dinero en la mano —respondió Judá—. Lo pondremos con los regalos de Papá. Yo le explicaré al gobernador cómo descubrimos que el dinero apareció en los sacos de alimento de cada uno.

—¿Y si nos arresta a todos diciendo que somos espías? —preguntó Neftalí con mucho miedo—. ¿No sería más prudente que solamente tú, Rubén y Benjamín se presentaran mañana ante el gobernador? Así, si los arresta, nosotros podemos volver a casa a decirle a Papá lo que pasó.

Judá levantó una piedra y se la arrojó a Neftalí, que estaba distraído como siempre. La piedra le aterrizó en la cabeza.

—¡Cucaracha cobarde! Si vamos solamente tres, lo primero que dirá el gobernador es que no cumplimos con nuestra palabra. Todos tenemos que presentarnos delante de él con Benjamín —dijo muy enojado Judá—. Lo segundo que hará es meternos en la cárcel con Simeón, porque pensará que los otros siete están espiando. Y lo tercero que hará es mandar a sus soldados a cazarlos a ustedes siete hasta matarlos por espías.

Silencio. Claro, Judá tenía razón nuevamente.

—La verdad siempre nos hace libres —dijo resueltamente Judá—, aunque no siempre parezca la mejor salida a nuestro problema. Yo sé por experiencia propia que cada vez que mentí para salvarme de alguna situación adversa, terminé peor, mintiendo más para tapar la mentira, y Dios nunca me respondió cuando le pedí ayuda.

—En ese caso ¡estamos acabados! —se lamentó Leví—. Venimos tapando nuestra mentira sobre…

—¡Cállate, lengua suelta! —gritó Isacar, antes de que Leví pudiera terminar la frase—. Hay menores presentes que no saben nada.

Isacar se refería a Benjamín, que era apenas un niño cuando el resto de los hermanos había complotado contra José y lo había vendido a la caravana que iba a Egipto.

Todos se dieron vuelta como para dormir. Pero la noche fue muy larga. Al miedo ante lo que pudiera pasar al enfrentarse con Zafnat-panea, se agregaba ahora el fantasma del silencioso y cobarde crimen contra José y las mentiras que habían tenido que inventar para tapar el primer pecado contra su hermano.

A ese sentimiento que experimentaron se le llama culpa. Pero la culpa se convirtió en una gran familia, y tuvo varios hijos a través de los años. Estos son sus nombres: amargura, soledad, miedo, inseguridad, hipocresía, engaño, encubrimiento.

A estos hermanos les pasó lo que le sucede a cualquiera que no confiesa sus pecados. No prosperan. Demasiadas personas piensan que con ocultar sus pecados nadie se entera, que no pasa nada. Asunto olvidado.

Ese es su tremendo error. Dios lo sabe todo; lo que se hizo en público y lo que se hizo a escondidas. De modo que resulta tonto hacer como si no hubiera sucedido nada. Lo primero que pasa es que se pierde la conexión con Dios como nuestro Padre. Como consecuencia, se sale de debajo de Su protección. De pronto, comienzan los ataques del verdadero enemigo, el diablo, porque encontró en la amargura, la soledad, los miedos, la inseguridad, la hipocresía, los engaños y el encubrimiento lugares de dónde agarrarse, atar las vidas y esclavizar. Es como abrir las puertas de nuestra casa cuando viene el ladrón…

Esa noche, un ejército de espíritus malos merodeaba cerca del campamento de los hermanos. Y como nueve de estos diez hombres tenían un pecado sin confesar, esos espíritus buscaban la oportunidad de seguir con sus planes siniestros de maldad y destrucción. Los hermanos sufrieron una noche de tormentos terribles. Solo Benjamín durmió en paz.

Los diez se levantaron y se prepararon para una jornada que sabían iba a ser decisiva. Alguien decidiría si vivían o morían. Ese era el gobernador Zafnat-panea: un hombre indescifrable, impredecible, misterioso.

Los pies pesaban más que una tonelada de piedras. Llegaron a la plaza y se ubicaron como la vez anterior. Cerca, pero no demasiado, para no ser los primeros en ser atendidos.

*****

La plaza estaba desbordada ese día. Nunca habíamos visto semejante muchedumbre. Los secretarios me estaban mirando, esperando mi señal; pero yo estaba esperando otra cosa: diez rostros familiares. En realidad, nueve rostros familiares y el de alguien que ya no era un niño: Benjamín, ¡mi hermano!

Como todos los días, miré detenidamente la multitud. Vestidos cananeos. Barbas importantes. Nueve rostros conocidos y un jovencito con cara de niño.

«¡Sí! Allí están. Cerca, pero no demasiado. Tal como me lo imaginaba —me dije—. ¡Este es el día!».

«¡Sadiki! Ven aquí de inmediato», grité a mi mayordomo, dándome vuelta.

Sadiki era mi mayordomo personal; mi hombre de confianza. Siempre fiel, como mi sombra. Su estatura era… digamos, poca. Su redondez, bastante… por no decir mucha. Sus ojos estaban tan hundidos en su rostro que casi se podía decir que estaban en

la nuca. Pero, eso sí, no se le escapaba nada. Tenía una barbilla prominente y, para rematarla, llevaba muy orgulloso una barba negra, larga y puntiaguda que siempre anunciaba que atrás estaba llegando Sadiki. Extraño por cierto, porque no condecía lo delgado del rostro con la —¿cómo decirlo?— contundencia de su volumen. En resumen, era todo un personaje. Pero como dije antes, fiel como mi sombra, siempre a mis pies.

¡Ah! Supongo que no lo deben saber, pero el nombre Sadiki quiere decir «fiel», en el idioma egipcio.

—Señor gobernador, ¿en qué puedo servirle?—se ofreció cortésmente Sadiki.

—Fíjate bien. Detrás de mí, en la plaza, entre las tres palmeras juntas y la fuente de agua, hay un grupo de diez hombres cananeos. ¿Los ves? —esperé que Sadiki pudiera ubicar a mis hermanos—. Ve con Baniti, para que te interprete, por atrás y sin llamar la atención, y lleva a esos diez hombres a mi casa, porque almorzarán conmigo hoy. Deja a Baniti conversando con ellos y, mientras tanto, haz degollar una res y que los cocineros preparen una fiesta. ¡Ah! También ve a buscar al otro hermano que está en la prisión del faraón.

Sadiki abrió la boca para preguntar algo, pero inmediatamente la cerró. Notó que algo en mis ojos había cambiado. La comisura de la boca estaba tensa y luchaba por contener un ligero temblor.

—Enseguida, mi señor — afirmó Sadiki y, girando ágil sobre sus talones, se encaminó hacia donde estaba Baniti.

—Bien, ¿a quién atendemos primero en este hermoso día? —dije animadamente a mis secretarios, mientras me frotaba las manos húmedas— ¡Sí! ¡Este es el día!

Pero los secretarios no entendieron de qué estaba hablando, por supuesto.

✶✶✶✶✶

Se pueden imaginar el susto que se llevaron los hermanos cuando Sadiki y Baniti se acercaron para invitarlos a almorzar en la casa del gobernador. ¡Se esperaban cualquier cosa menos una invitación a comer!

—Debe ser una trampa para arrestarnos lejos de la multitud, para no armar un escándalo —dijo asustado Aser.

—Creo que hay un plan oculto detrás de tanta gentileza, porque piensan que les robamos el dinero y quieren arrestarnos. Seguramente, hay soldados esperándonos en la casa del gobernador —sugirió Dan.

—Judá, intenta convencer al mayordomo del gobernador de que hemos traído el dinero para devolverlo y que queremos comprar más alimentos para la familia —dijo afligido Rubén.

Así que Judá se acercó a Baniti y le pidió que le tradujera al mayordomo. Mientras iban caminando, Judá le explicó cuáles eran las intenciones de compra, de devolución del dinero que misteriosamente había aparecido en sus sacos y que le traían un presente al gobernador de parte de su padre Jacob. Baniti se lo comunicó a Sadiki textualmente.

Habían llegado a la entrada de la casa del gobernador. Sadiki giró sobre sus talones y confrontó a Judá. Lo miraba de abajo y, al hablar, su barbita negra y puntiaguda comenzó a hacer cosquillas en el vientre de Judá.

—Tengan paz, señores míos. Nadie les va a reclamar ese dinero. Ese dinero se los dio su Dios y el Dios de su padre Jacob —dijo serenamente Sadiki, e hizo una pausa para observar el impacto de sus palabras—. El pago que hicieron por el alimento lo recibí yo personalmente y lo entregué en la tesorería del rey de Egipto, como hago con todas las ventas que hace mi señor, el gobernador Zafnat-panea. Ahora, si me disculpan, tengo algo que hacer. Ustedes deben esperar aquí con Baniti.

—¡No entiendo nada! —dijo sorprendido Judá— Nunca sospecharon de nosotros porque siempre supieron que el pago de los alimentos estaba en el tesoro del rey. Ahora este egipcio dice que nuestro Dios y el Dios de Papá nos dio ese dinero. ¿Qué sabe este egipcio acerca de nuestro Dios? ¿Cómo sabe que Jehová Dios puso ese dinero en los sacos?

Sadiki volvió trayendo a Simeón.

—Pasen, señores míos, y sean bienvenidos a la casa del Gobernador Zafnat-panea —dijo cortésmente el mayordomo.

—¡Simeón! ¿Cómo estás, hermano? ¿Te han tratado bien? ¿Has podido saber algo más acerca de los planes del gobernador? ¿Qué piensa hacer con nosotros? ¿Nos venderá alimento? ¿Nos dejará volver a todos a Canaán? —preguntaron todos a la vez al pobre Simeón.

—Estoy muy bien. Me han contado maravillas del gobernador, y que puede interpretar los sueños mejor que nadie en esta parte del mundo. Me dijeron que él fue quien salvó a Egipto y también a todos los demás pueblos de morir durante esta sequía y hambruna. Él solo. Todos admiran a Zafnat-panea y también le temen —respondió pausadamente Simeón—. Vino a verme en persona muchas veces y se aseguró de que no me faltara nada. Hay algo muy particular en él que no logro descifrar. Siempre está un paso delante de todos; como si supiera lo que va a pasar, lo que uno va a decir o lo que está pensando. Tengo la extraña sensación de que nos conoce a todos: dónde vivimos, las tiendas, nuestras tradiciones y costumbres y sospecho que también sabe mucho acerca de Jehová Dios. ¡Pero eso es imposible, por supuesto!

Mientras tanto, los sirvientes alistaron las mesas para la fiesta. De la cocina, venía un delicioso aroma a carne asada y tortas de maíz, guisos picantes y frutas recién exprimidas.

*****

Entré corriendo a casa. Al entrar en el salón, mis once hermanos se adelantaron, con Rubén al frente, y me extendieron los presentes de Papá sobre una tela fina de lana con largos flecos alrededor, teñida con los tradicionales colores cananeos. Los once hermanos se inclinaron hasta el suelo delante de mí, Zafnat-panea; es decir, José.

Se produjo un silencio sepulcral en el salón.

¡El sueño!

¡Dios mío! Mis once hermanos estaban allí, inclinados delante de mí como en el sueño que había tenido en casa trece años atrás. ¡Finalmente Dios me estaba permitiendo ver Su Palabra cumplida! ¡Dios no miente! Ninguna de Sus palabras proféticas falla.

Un nudo en la garganta me impidió hablar. Los ojos se me nublaron.

—Perdonen, pero el humo del fuego del asado se me metió en los ojos —dije en egipcio tapando mis nervios con una tos fingida—. Muchas gracias por este hermoso presente. ¿Cómo está su padre? ¿Vive aún? ¿Está bien de salud? Según me dijeron ustedes, es muy anciano —seguí hablando en egipcio mientras Baniti traducía a la par.

—Sí, señor gobernador. Nuestro padre Jacob se encuentra vivo y bien de salud. Nos solicitó que le hagamos llegar sus saludos y deseos de bendición —respondió Rubén.

Nuevamente, mis hermanos se inclinaron e hicieron una reverencia.

Giré y miré a Benjamín a los ojos y me fui acercando a él, aunque no demasiado. Tenía miedo de que me traicionaran las emociones y perdiera el control de la voz. ¡Mi hermano Benjamín! El hijo de mi madre. ¡Dios mío, cómo lo amaba!

—¿Este es el hermano menor que mencionaron en su visita anterior a Egipto? —dije como al pasar y, dirigiéndome específicamente a Benjamín, seguí— Dios tenga misericordia de ti, hijo mío… ¡Oh! Este humo molesto… —salí casi corriendo del salón porque no aguantaba más.

Me fui a llorar amargamente a mi cuarto. No sé cuánto tiempo estuve allí, llorando, con el corazón destrozado y un dolor insoportable en el pecho. Tuve que hacer un esfuerzo sobrenatural para obligarme a parar.

Me lavé la cara, las manos. Respiré profundo hasta recuperar la compostura y la calma exterior. Interiormente seguía hecho una fiera indomable.

«¡Sirvan la comida y partan el pan! ¡Que comience la fiesta!», ordené alegre, palmeando tres veces.

Los sirvientes comenzaron a salir de la cocina con la comida, las bebidas y el pan caliente. Me senté en la cabecera de mi mesa, que era exclusiva para mí. Luego, indiqué a mis invitados de honor, es decir, a mis hermanos, que se sentaran en la mesa a mi derecha, y como es la costumbre hebrea, de mayor a menor.

Luego, a la izquierda, hice sentar a Sadiki, a Baniti y a varios funcionarios egipcios que invité a que me acompañaran.

«Los he hecho sentarse en dos mesas separadas solamente para que todos podamos estar más cerca. Si disponemos una sola mesa larga, como somos muchos, el pobre Benjamín va a comer su comida fría, porque estaría muy lejos», dije a modo de explicación.

Pero en realidad, la razón era otra. Los egipcios consideran una abominación partir el pan y comer en la misma mesa con hebreos. De esta manera, evité que ambas mesas se sintieran ofendidas.

Mis hermanos estaban realmente sorprendidos. Me di cuenta de que estaban mirándose entre sí, tratando de explicarse lo inexplicable. Me reí solo. Pero eso no fue lo que más los intrigó. Yo ya había ordenado a la servidumbre que solamente a Benjamín le sirvieran cinco veces más y mejor que al resto de mis hermanos. ¡Estaban como locos!

¡Cómo disfruté verles la cara a todos! La fiesta se fue alegrando. Mucho. Muchísimo. Tanto que mis hermanos se emborracharon…

Mientras comíamos, no podía dejar de pensar y pensar y pensar. ¡Tantos recuerdos…!

Y allí, todos ellos sentados… solo faltaba Papá. Claro, también faltaban todos los demás. Las familias de mis hermanos. Las esposas y los hijos de ellos, mis sobrinos. ¡La familia!

¿Por qué el sueño? ¿Por qué me habían vendido a la caravana de mercaderes que venían a Egipto? Sí, estas son las mismas preguntas que me venía haciendo desde que Onuris, el vendedor madianita, me trajo a Egipto. Sí, en este día, el sueño finalmente se cumplió. Eso me trajo paz, como seguramente a ti te trae paz confirmar que Dios es poderoso para cumplir con Sus promesas; aunque hayan pasado trece años…

¿Podrá ser que fueran necesarios trece años para producir cambios en mi carácter, en mi forma de pensar, en mis sentimientos, para que Dios pudiera hacer lo que necesitaba hacer?

Todavía no tengo las respuestas para estas preguntas. Pero creo que esas no son las preguntas que me tengo que hacer. Creo que tampoco son las preguntas que tienes que hacerte tú, si estás pasando por un tiempo de pruebas como el mío.

La pregunta correcta es ¿para qué me dio Dios ese sueño?

CAPÍTULO 11
La copa escondida

—¡Sadiki! Ven, tenemos cosas importantes que hacer —comencé con la segunda parte de mi plan—. Sin que nadie lo note, llévate mi copa de la mesa. Vete con varios de mis sirvientes y saquen tantas bolsas de granos como puedan cargar los asnos de los hebreos y pónganlas al lado de los animales. Adentro de cada bolsa, coloca dos monedas de plata y ciérralas nuevamente. Pero en una de las bolsas del asno del menor de los hermanos, también esconde mi copa de plata.

—Pero, mi señor… —comenzó a argumentar Sadiki. Sin embargo, se calló al sentir que le apretaba el brazo con fuerza y me reía haciéndome el alegre por el vino. No entendía nada, pero sabía que tendría mis poderosas razones. Algo se estaba cocinando. Solo era cuestión de esperar y mirar.

La fiesta continuó muy alegre hasta altas horas de la noche. Disfruté cada momento de volver a ver a mis hermanos, aunque estaba desesperado por darme a conocer y abrazarlos… pero todavía no era el momento. Todavía no.

Sadiki volvió a entrar y me hizo una señal con la cabeza. Estaba hecho.

—¡Baniti! Ven a traducir, por favor —llamé al profesor porque no quería hablar en hebreo.

—Muy queridos amigos cananeos que nos honran con su visita… —dije enérgicamente, poniéndome de pie y con otra copa diferente en la mano, mientras Baniti traducía a mi lado— antes de concluir esta hermosa velada, dado que todos tenemos que descansar, y sobre todo ustedes, ya que les esperan largas jornadas de viaje a su tierra natal, quiero brindar porque hoy se ha cumplido en este lugar un sueño que he tenido guardado muchos años. El Dios creador del cielo y de la Tierra a quienes ustedes sirven los ha traído hoy aquí y mi sueño se volvió realidad.

Todos, en las dos mesas, se miraron extrañados. No entendían nada. Pero ¿quién se animaba a cuestionar al hombre más poderoso en Egipto? Todos brindaron.

—Ahora, deben prepararse para partir —dije anunciando que la fiesta se había terminado—. Encontrarán las bolsas de granos que vinieron a comprar al lado de sus animales de carga. Todo lo que sus animales son capaces de cargar. Han cumplido con su palabra de traer a su hermano menor, y pueden volver en paz a su tierra. Saluden a su padre en mi nombre.

Me di vuelta y comencé a salir del salón. Cuando llegué a la puerta, giré y miré hacia atrás.

—¡Sadiki! Ven, tenemos cosas importantes que hacer —ordené a mi mayordomo.

Con el mentón hacia delante, vino marchando Sadiki, intrigado por saber cómo seguiría el misterio. Fui hasta mi oficina con Sadiki pegado a mi espalda.

—Esto es lo que quiero que hagas —le dije pausadamente, a pesar de que me comían los nervios, pero quería estar seguro de que Sadiki entendiera todo y no cometiera errores—. Cuando los cananeos se hayan ido, deja pasar una hora. Entonces, sal detrás de ellos y, cuando los alcances, acúsalos de haberme robado la copa de plata. Debes decirles que es también la copa que uso para adivinar.

—Si me dicen que no robaron nada, ¿qué hago? —preguntó Sadiki.

—Por supuesto que lo van a negar —respondí sabiendo cómo pensaban mis hermanos—. Entonces, pídeles que todos bajen sus cargas y revisen cada bulto, comenzando desde el mayor hasta el menor. Como la copa está…

—… en una de las bolsas del menor, usted tiene un plan especial, porque quiere que estos hombres vuelvan aquí —adivinó Sadiki.

—¡Exacto! Por eso, tú eres el hombre indicado para esta misión —concluí palmeando en la espalda al mayordomo—. Cómo los convenzas de volver aquí es problema tuyo. Usa tu creatividad.

*****

A pesar del cansancio, de la borrachera y las tensiones vividas durante el día, los hermanos estaban felices. Cargaron sus asnos con todas las bolsas de granos y sus pertenencias, aliviados y dichosos de estar volviendo a Canaán con Simeón recuperado y sin haber perdido a Benjamín. Estaban saboreando su triunfo.

Con los primeros rayos de sol, partieron de la casa del gobernador de Egipto, Zafnat-panea, o sea, José. Sadiki vigilaba sigilosamente y comenzó a calcular una hora.

*****

Cuando el mayordomo Sadiki alcanzó a los once hermanos, estos ya estaban fuera de los límites de la ciudad. ¡Qué sorpresa se llevaron! La presencia del mayordomo del gobernador de Egipto solamente significaba una cosa: problemas.

El rostro de Sadiki no era amigable. Todo lo contrario. Estaba enfurecido.

—¿Cómo se atreven a robarle al gobernador de Egipto su copa de plata, con la cual bebe y adivina? —acusó Sadiki, siguiendo fielmente el libreto—. Después de todo el bien que les ha hecho a ustedes. ¡Son una banda de ladrones!

Los hermanos nunca imaginaron semejante acusación. Se miraron entre ellos. Rubén miró los rostros de todos, uno por uno, pero ninguno bajó la mirada. Estaba seguro de que ninguno había sido. Muy seguro.

—¿Por qué haríamos tal cosa? —respondió con seguridad Rubén, tomando el liderazgo—. ¿Acaso no te devolvimos el dinero de la primera compra que hicimos y que apareció en nuestras

bolsas? Nosotros no fuimos. Pero para que el gobernador se quede en paz de que somos inocentes, revisaremos todos los bultos. Si aparece la copa que falta, el dueño de la bolsa será condenado a muerte y el resto de nosotros seremos esclavos del gobernador.

El pez por la boca muere, pensó Sadiki.

—De acuerdo, como ustedes digan. Pero solamente el dueño de la bolsa que contenga la copa de mi señor Zafnat-panea será mi esclavo. El resto de ustedes puede seguir su camino —afirmó Sadiki.

Uno por uno, abrieron los bultos, y Sadiki comenzó a revisarlos. Empezó por los del mayor. Sistemáticamente, lo único que encontraron fueron las monedas de plata. Dos en cada bolsa de granos.

¡La copa apareció en la bolsa de Benjamín!

Estaban tan abatidos y destruidos que se rasgaron la ropa. La desazón era insoportable. Cuando Sadiki se acercó a Benjamín para llevárselo como esclavo, todos los hermanos a una dijeron que ellos también volvían a la casa del gobernador.

—De acuerdo, como ustedes quieran —dijo Sadiki. *Tal como quería el jefe*, pensó.

La caravana volvió a Egipto. Sadiki iba a la cabeza con la copa del gobernador y el acusado Benjamín al lado. Atrás, iban diez hermanos desorientados, cada uno sumido en sus pensamientos.

*****

Cuando llegaron a casa, yo estaba esperándolos. Mis hermanos se inclinaron reverentemente.

—¿Por qué hicieron esto? —pregunté haciéndome el indignado—. ¿No saben que un hombre como yo puede adivinar? No pueden esconderme nada.

—No tenemos cómo defendernos —se adelantó Judá, tomando la palabra—. Ahora somos esclavos de mi señor; sobre todo Benjamín, porque la copa estaba en su bolsa de granos.

—No, no, no —respondí enfáticamente—. Solamente quiero que se quede el acusado como mi esclavo. Todos ustedes pueden volver con su padre a Canaán.

—Permítame unas palabras, por favor, señor gobernador —suplicó Judá—. Le ruego que acepte que yo sustituya a mi hermano menor como su esclavo. Yo tomaré su lugar. Verá, si no regreso al muchacho a su padre, este morirá de angustia y pena. Y yo no soportaría verlo morir así.

—Un sustituto. Mmmm… Pagar por la culpa ajena… —dije pensativo, mientras me frotaba la barbilla—. Interesante concepto. Esto no está escrito en sus leyes ni en las nuestras; pero es un sacrificio muy loable de su parte. Sobre todo porque usted no es el mayor de los hermanos. Más loable todavía.

La actitud de Judá me sorprendió muy gratamente. Estaba haciendo por Benjamín lo que no había hecho por mí. Había aprendido la lección. Rubén me decepcionó; no asumió su responsabilidad como hermano mayor. Esto es lo que marca la diferencia entre un verdadero hombre y un cobarde.

Me puse a pensar en mis hijos. Decidí contarles esta noble actitud de mi hermano Judá como un modelo de hombría que trae honra y buen nombre a quien está dispuesto a poner la vida por su hermano.

¿Con qué modelo de hombría te quedarías tú?

Capítulo 12

¡Yo soy José!

Me costaba tragar. Los ojos se me nublaron. Las manos me temblaban. Y no había nada que pudiera hacer para evitarlo. Con las manos, hice señas para que todos entraran en la casa, pero sin decir palabra. Sabía que no iba a poder controlar la boca ni las lágrimas.

Me paré en la puerta mientras fueron entrando cada uno de mis hermanos. Ahora los estaba mirando bien de cerca y hasta podía olerles el miedo en la piel. ¡Qué ganas de abrazarlos! ¡Qué ganas de gritar quién era! ¡Basta ya!

El último, por supuesto, fue Benjamín. Detrás, venía Sadiki, fiel como mi sombra. Sonreía contento. Sabía que había ejecutado el plan de Zafnat-panea, el gobernador de todo Egipto, a la perfección. Con la barbilla en alto y balanceando los brazos a los costados, marchaba detrás de su conquista con aires de importancia.

«¡Sadiki, saca a toda la servidumbre de la casa! —ordené con la voz quebrada—. ¡Ya! Ahora mismo, sácalos a todos de la casa. Que vayan donde sea, pero no quiero a nadie en la casa hasta que los vuelva a llamar».

Empujé al pobre Sadiki hacia la cocina, sin más explicaciones. Iba a hacerme una pregunta, pero cuando me miró, supo al instante que no era el momento. Apresuró los pasos y, en menos de lo que canta un gallo, sacó a todos de la casa como si el lugar estuviera incendiándose.

Me quedé con las manos en la cintura, con los pies separados y casi en puntas de pie, esperando que toda la servidumbre estuviera fuera de la casa. Mis hermanos se habían corrido contra la pared, completamente extrañados. Entonces, comenzaron a ver la transformación menos imaginada de todas.

Bajé la guardia, me hice vulnerable, me saqué la máscara de dureza que había usado todo este tiempo frente a mis verdugos crueles y desalmados, quienes no habían dudado en quitarme la vida en su ira violenta.

¡Pero los amaba! ¡Cómo los amaba! A pesar de todo…

Estaba llorando. El hombre fuerte de todo Egipto estaba llorando como un niño desconsolado. ¡Sí, lloraba sin poder contenerme en absoluto! Mis gritos se escuchaban aun fuera de la casa. No podía parar de llorar. ¡Qué importaba! ¡Los hombres también lloran!

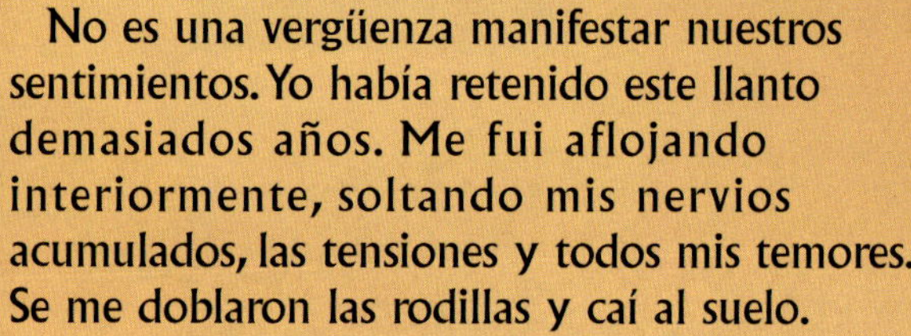

No es una vergüenza manifestar nuestros sentimientos. Yo había retenido este llanto demasiados años. Me fui aflojando interiormente, soltando mis nervios acumulados, las tensiones y todos mis temores. Se me doblaron las rodillas y caí al suelo.

Pude sentir la presencia del Espíritu del Señor llenando todo mi ser de una profunda paz interior, como diciéndome *«Todo está bien. Shalom, paz. Yo estoy contigo»*.

Sadiki, con Baniti pegado a su costado, se acercaron a la puerta aún abierta de la cocina, pero no se animaron a entrar. Nadie se movía. Nadie se animaba a hablar.

Me levanté lentamente. Miré entre lágrimas esas once figuras borrosas delante de mí.

«¡Soy José! —grité con todas mis fuerzas, con toda mi rabia, con todo mi ser—. ¡Sí, soy yo, soy José, su hermano! ¡El que ustedes vendieron a Egipto! ¿Vive Papá todavía?».

Creo que el impacto de mis palabras en hebreo y la revelación de mi secreto mejor guardado fue demasiado para ellos. Escuché un *¡Ooooh!* que vino de la cocina, pero no me importó.

Once estatuas de piedra seguían allí inmóviles delante de mí.

«¿Todavía está vivo Papá? —volví a gritar más fuerte para que reaccionaran—. Vengan, acérquense y tóquenme. Vean que soy yo realmente, José».

El primero en acercarse fue Judá, el nuevo líder de la familia. Los demás lo imitaron, pero se quedaron un poco más atrás, temerosos. Todavía no podían creer. ¡Era imposible para ellos entender que un esclavo cananeo se hubiera convertido en el hombre más poderoso del mundo!

Claro, por supuesto. Eso sería imposible para absolutamente todos los seres humanos, pero no para Dios. Y justamente ahora empiezo a comprender la razón de mi existencia y de mis sueños.

Como iluminado por un relámpago, de pronto, veo todo perfectamente lógico. El pozo, la caravana de Onuris y cómo me estudió para venderme a Potifar; progresar en su casa y salir corriendo desnudo ante las insinuaciones de su esposa. Eso me llevó a la prisión de Nassor donde me encontré con dos siervos del faraón, uno de los cuales luego le habló al faraón de mí. Así llegué a la corte de Egipto y Dios me puso finalmente donde

Él quería: al frente de toda la economía mundial para salvar al mundo de morir de hambre.

¿Hay algo peor que morir de hambre? Sí, pensándolo bien, hay algo peor: morir sabiendo que no escaparemos al juicio de Dios por nuestros pecados. Eso significaría vivir eternamente en el infierno.

Pero, si Dios fue tan bueno ahora y salvó a la humanidad a través de un muchacho con sueños como yo, seguramente tiene algún plan para salvar a la humanidad de semejante sufrimiento eterno por medio de otra persona como yo, en otro tiempo…

*****

Mientras tanto, Baniti le tradujo todo lo que estaba pasando dentro de la casa a Sadiki. Entre los dos, decidieron que la revelación del gobernador era demasiado importante y debían informarle directamente al faraón. Baniti se fue corriendo al palacio. Para Sadiki, esa era una misión imposible.

La noticia se desparramó por el palacio del faraón. Era algo tan inesperado que fue lo único de lo cual se habló en el palacio durante días enteros.

*****

«Lo que ustedes hicieron al venderme a la caravana fue parte de la estrategia de Dios para salvar al mundo —tranquilicé así a mis hermanos con la nueva luz que había recibido de Dios—. No se aflijan pensando que ahora serán castigados».

Corrí hasta Benjamín y lo agarré con desesperación, lo abracé con fuerza y lo besé. Lloré. Alegría y desahogo. Tristeza por el tiempo que perdí de verlo crecer. Lloré más. Benjamín me recuerda tanto a mamá. Sus mismos ojos, su misma sonrisa…

Benjamín también estaba llorando.

Fui abrazando a todos y a cada uno. Lloré con cada uno. Los abracé con locura y los besé también. ¡Los amo con todo mi corazón!

Recién entonces reaccionaron mis hermanos y pudieron sentirse libres para charlar. Aunque al principio, les costó bastante. Todavía me veían como Zafnat-panea, el gobernador.

Me paré en medio de ellos, ahora sonriendo y convencido de lo que estaba por anunciarles.

«Quiero que vuelvan enseguida a Canaán y traigan a Papá a Egipto —dije con total seguridad—. Vengan con sus familias, posesiones y ganado. Todo, absolutamente todo. Se van a instalar aquí en las mejores tierras de Egipto hasta que termine la hambruna. No dejen de contarle a Papá todo lo que ha hecho Dios conmigo aquí para salvarlos a todos ustedes allí. Estoy seguro de que lo que ha hecho tiene mucho que ver con la promesa que le hizo al bisabuelo Abraham. Quiere bendecir a todo el mundo. Aunque todavía no sepamos cómo, para Él es importante que nuestra familia permanezca en el tiempo hasta cumplir con esa promesa».

*****

—¡Esto es increíble, Zafnat-panea! —declaró el faraón entusiasmado y frotándose las manos—. Baniti me ha contado todo con lujo de detalles. ¡Hasta me emocioné! Creo que te mereces esta desbordante felicidad por todo lo que le has dado a Egipto y a todos los pueblos del mundo.

El faraón, como era su costumbre, bajó corriendo los escalones de su trono y me estrechó entre sus brazos. Me dio una palmada en la espalda que casi me hace escupir los pulmones y por poco me saca los ojos de sus órbitas.

—¡Gracias, mi señor! Usted es muy generoso, pero todo lo que hice fue porque mi Dios estuvo siempre conmigo y Él me dio la estrategia —susurré, agachando la cabeza.

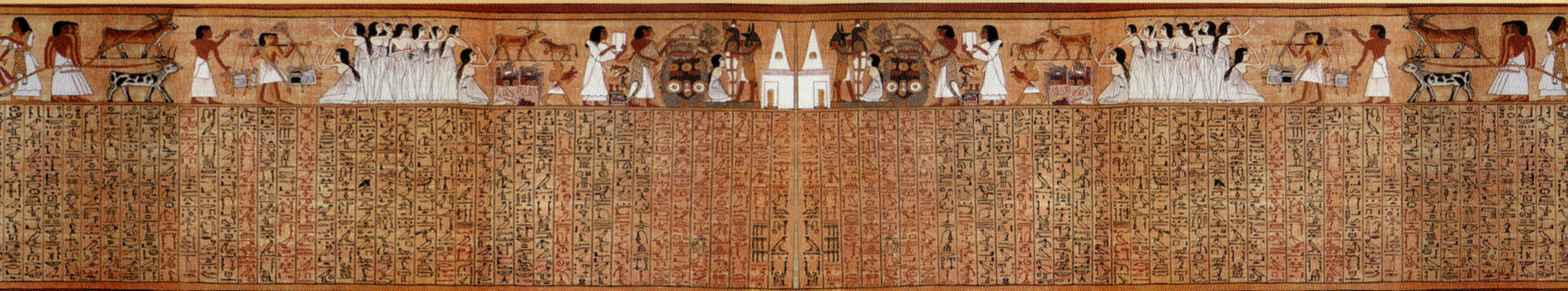

—¡Tonterías! Tú eres un ejemplo para todos los hombres de Egipto. De integridad, de compromiso, de valor y de paciencia —afirmó el faraón, mirando a todos sus oficiales y consejeros—. Algunos de los caballeros que me acompañan deberían pensar seriamente en imitarte.

Como solía hacer el faraón, repentinamente giró sobre sus talones, puso su brazo alrededor de mis hombros y se tomó la barbilla con la otra mano.

—No sé por qué, pero siento que debemos hacer algo extraordinariamente loco —dijo el faraón con una sonrisa pícara—. Quiero que armes una expedición especial a Canaán con carros, caballos, acompañamiento de soldados y todo. El objetivo de tu misión será traer a tu padre y a tus hermanos con sus familias, para que se establezcan aquí en Egipto contigo. Loco, ¿no? Diles que no se preocupen por sus posesiones personales. Aquí en Egipto tendrán todo lo que necesiten, y más, mucho más. ¡Manos a la obra!

Ese justamente había sido mi pedido a mis hermanos. Ahora, el faraón estaba repitiendo el mismo pedido, casi palabra por palabra. ¿Piensan acaso ustedes que fue una casualidad? No, por supuesto que no. Fue una confirmación de Dios de que esa era su voluntad. Puse manos a la obra.

Capítulo 13

Todos juntos otra vez

Como todas las mañanas, Jacob se levantó muy temprano y esforzaba su pobre vista esperando ver la caravana regresar de Egipto. Nada. Se quedó horas con los ojos clavados en un punto distante. Nada.

Una nubecita de polvo comenzó a formarse a lo lejos; casi insignificante. Su corazón comenzó a latir cada vez con más fuerza. La nube se fue agrandando y agrandando.

—¡Ya vienen! —gritó Jacob—. ¡Ya vienen!

El campamento explotó como cuando uno patea un enorme hormiguero. De las tiendas, comenzaron a salir las mujeres y los niños chillando y saltando de alegría.

Jacob permaneció clavado en el suelo, mientras se sostenía sobre su cayado, tan encorvado como él. La nube seguía agrandándose. Ya no había dudas. ¡Eran ellos! ¿Quiénes, si no?

La nube comenzó a tapar el sol, tan grande era. Jacob estaba sorprendido. ¿Por qué tanto polvo? Once hombres con sus asnos y carga nunca pueden hacer tanto polvo. Todavía no se veían formas humanas, pero la nube era inmensa.

Dos horas más tarde, la nube tapaba el cielo y la tierra lentamente comenzó a temblar. Las mujeres y los niños se acercaron a Jacob, como buscando protección. Ya nadie hablaba. Todos tenían los ojos clavados en la inmensa nube de polvo que se aproximaba.

De pronto, comenzaron a escucharse rumores de gritos entre el polvo. Era imposible distinguir lo que decían… hasta que emergieron varias figuras de hombres montados sobre asnos.

—¡Vive! — comenzó a distinguirse mejor el grito. —¡Está vivo! ¡José!

Todavía lejos, Rubén, Judá y Dan saltaron de sus asnos y corrieron hasta Jacob, gritando que José estaba vivo. El pobre Jacob no entendía nada. No les creía tampoco. El ruido de carros, asnos y caballos que se acercaban hizo imposible que pudieran seguir hablando, aunque en realidad estaban gritando.

Cuando finalmente la caravana se detuvo y la nube de polvo comenzó a asentarse, el ruido de la caravana fue reemplazado por los gritos de alegría del reencuentro familiar.

Mientras tanto, Rubén, Judá y Dan trataban de hacerle entender a Jacob que su hijo José estaba vivo. Jacob se resistía a creer. No podía ser cierto. Los hermanos insistieron, dándole el mensaje de José, explicándole que ahora era el gobernador de Egipto y que él había enviado todos esos carros y alimentos.

El polvo se había asentado y Jacob pudo contemplar todo lo que los hermanos habían traído y la escolta de soldados y carros egipcios…

Entonces, creyó y se puso como loco, saltando y celebrando que José no estaba muerto, sino vivo.

«¡Voy a ver a José! —gritaba como un niño más—. ¡José está vivo! Voy a verlo antes de morir».

*****

Las jornadas siguientes fueron un incesante ir y venir con preparativos para salir todos juntos en caravana a Egipto. Todos. Todo.

Una y otra vez, Jacob les preguntaba a sus hijos sobre José, su esposa, sus hijos, su casa, su aspecto, el timbre de su voz, si se parecía a su madre…

Durante las noches, Jacob recordaba los sueños de José. ¡Cómo se había equivocado con el muchacho! A medida que fue reflexionando sobre los sueños, comenzó a comprender otra realidad: no solo se había equivocado con respecto a su hijo, sino que peor aún, se había equivocado al no reconocer las señales de Dios; ¡la presencia de Dios!

¡Cuánto hacía que no escuchaba la voz de Dios!

Se sentó en el borde de su cama. No era tiempo de dormir, aunque fuera de noche. Era tiempo de buscar la presencia del Señor. Repasó las historias de las conversaciones del abuelo Abraham con Dios, las experiencias que le había contado su padre Isaac, sobre todo cuando el abuelo Abraham lo puso sobre el altar y la madera y estuvo a punto de sacrificarlo a Dios.

Recordó sus propias experiencias con Dios en Peniel, cuando luchó con el ángel de Jehová y venció y cómo Dios lo bendijo también en Betel.

Sin duda, eran tiempos de cambio. Sabía que su tiempo estaba llegando a su fin. Este viaje a Egipto era el último antes del final de su peregrinación.

«Mañana, Señor, de camino hacia Egipto, haré una parada para adorarte con un sacrificio que te agrade —dijo decidido Jacob en voz alta para sí mismo—. Necesito la confirmación de Dios sobre todo esto. Necesito escuchar al Señor».

*****

Temprano a la madrugada, Jacob fue el primero en estar listo; el primero en estar sentado en su carreta egipcia para ver a José. Y partieron rumbo a Egipto.

Al llegar a Beerseba, Jacob ordenó que la caravana se detuviera y que lo acompañaran para hacer el sacrificio que le había prometido a Dios. Fue un hermoso culto familiar. Hacía mucho tiempo que los hijos no veían tan gozoso a su padre Jacob. En esa celebración, todos sintieron que la presencia de Dios descendía sobre ellos.

Llegó la noche y aún seguían cantando a Dios...

«¡Jacob, Jacob! —lo despertó Dios durante la noche—. No tengas miedo de ir a Egipto. Allí haré de ti una nación grande. Yo estaré contigo en Egipto y también te volveré a sacar. José te cerrará los ojos».

¡Cómo sabe Dios cuando necesitamos Sus confirmaciones! Él nunca llega tarde; siempre llega a tiempo. En el momento justo.

*****

Esta vez, era mi turno de salir temprano a la mañana para mirar el horizonte. Según mis cálculos, debían haber llegado el día anterior. Nada. Mil preguntas se amontonaron en mi mente. Me sentaba, me paraba, comía un bocado, me sentaba, iba a la puerta para ver si venían. Así todo el día.

«Esposo mío, José, vas a gastar el piso de tanto ir y venir —dijo Asenat con dulzura y tomando mi rostro entre sus delicadas manos—. Relájate y ocupa tu mente en otra cosa. Con preocuparte tanto no conseguirás que vengan más rápido».

No había terminado de hablar Asenat cuando uno de los siervos de la casa entró anunciando la llegada de un cananeo que decía ser hermano del gobernador. Salí disparado con Asenat pisándome los talones.

—¡Judá! ¿Qué haces aquí solo? ¿Dónde está el resto? ¿Papá está bien? —salió el torrente de mi boca.

—Papá me pidió que me adelantara para informarte que tus soldados están guiando la caravana directamente a las tierras de Gosén —respondió Judá, abrazando a su hermano y dándole una palmada en la espalda—. Están todos y Papá está bien. Ansioso por verte.

—¡Preparen mi carro y el caballo más rápido! —grité la orden sin saber exactamente a quién—. Nos vamos ahora mismo para recibir a Papá.

La tierra de Gosén era la mejor de Egipto. Tierras altas, donde nunca llegan las aguas del Nilo cuando se desborda cada año. Muy fértil y con mucha forestación. Allí era donde la clase noble y los ricos tenían sus mansiones.

Como el faraón había asignado estas tierras para mi padre y mis hermanos con sus familias, yo estaba tranquilo. Pero en el fondo, sabía que habría problemas. Los egipcios desprecian a los pastores de ovejas. Para ellos, no hay nada peor que estar al lado de pastores de ovejas. Es una abominación.

«Vamos, Judá, ven conmigo en el carro —le ordené a mi hermano—. Mientras vamos, quiero que me cuentes sobre Papá y toda la familia».

*****

Llegamos antes que la caravana, así que tuve tiempo para controlar los preparativos para la recepción que había ordenado el faraón. En realidad, no fue necesario, ya que todo estaba perfecto.

Desde la altura de Gosén, pudimos ver cómo se acercaba la caravana. Al frente, iba un jinete, encabezando una serpenteante columna de carros llenos de personas. ¡Mi familia!

A ambos costados de los carros, había una escolta de soldados a caballo. Detrás, seguían los carros de transporte de las pertenencias que habían traído de Canaán. Habían traído sus tiendas también, porque eran nómades y siempre estaban moviéndose de lugar en lugar, buscando pasturas para sus ganados.

Claro, acá en Egipto ya no somos nómades. Vivimos en comunidades establecidas, en casas de material, madera y piedras. Eso significaba que mi familia tendría que adaptarse a una cultura nueva, abandonando costumbres ancestrales. ¡Les esperaba una vida nueva! ¡Todo nuevo!

Al final y guiado por los pastores, venía el ganado. Era mucho; más de lo que yo imaginaba, lo cual significaba que mis problemas estaban a punto de comenzar.

Mi mirada estaba clavada en las imágenes de la caravana. Trataba de encontrar la figura de Papá. Sin embargo, mi mente estaba ocupada en otra cosa. ¿Cómo iba a solucionar los problemas de la convivencia de estos dos pueblos, estas dos culturas, estas dos concepciones completamente opuestas de la vida, la muerte y de la fe?

Problemas, problemas. PROBLEMAS.

—¡Papá! ¡Papá! —grité de pronto cuando lo vi sentado en el primer carro.

Salté y salí corriendo cuesta abajo. Me olvidé de la dignidad de mi cargo de gobernador. ¡Qué importa! Correr cuesta abajo puede darnos velocidad, pero me olvidé de que es difícil detenerse. Y cuando terminé aplastado contra el carro en que venía Papá, todos se rieron. ¡Qué importa!

«¡José! ¡Mi hijo amado! ¡Estás vivo!», gritó Papá al verme tratando de recuperar el aire.

Con gran esfuerzo, se bajó del carro ayudado por su cayado encorvado. Al pararse frente a mí, lentamente se irguió bien alto y abrió los brazos. La caravana se había detenido. Era un momento solemne. Único. Irrepetible. Un silencio absoluto reinó en el lugar. El viento cesó, acoplándose reverente y contemplativo.

La barba y el mentón de Papá temblaban fuera de control. Los ojos se le llenaron de lágrimas, y un suspiro largo y profundo salió de su garganta seca. Dio un paso inseguro hacia mí. Luego otro… y otro más.

Me arrojé en sus brazos vencidos por los años, frágiles y temblorosos. El perfume de su ropa era el mismo. Apoyé el rostro sobre sus hombros como cuando era niño, y ya no pude contener el llanto…

«¡*Abba*! ¡Papito! —gemí sin vergüenza—. ¡Cuánta falta me hiciste!».

El pecho de Papá se estremeció. Estaba llorando también. Sus brazos me rodearon y me apretaron. El cayado se cayó. Eran los brazos de mi padre, pero… ¡cómo había envejecido!

No hay nada más importante que hacer la voluntad de Dios, ni mejor lugar que donde Él quiere que estemos, en el momento exacto que Él nos diga. Aunque en el momento nos parezca que el costo y el sufrimiento para hacer esas tres cosas sea demasiado alto, Dios sabe lo que hace, por qué lo hace y para qué lo hace.

Aún abrazado así con Papá, comprendo que cada detalle de mi historia fue cuidadosamente guiado por Dios para prepararme espiritual y emocionalmente para que Él pudiera realizar este milagro de amor… ¡salvar a la humanidad!

No pretendo entenderlo todo. No, por supuesto que no. Eso no es lo importante. Lo que sí sé, con toda certeza, es que cuando nos encontramos haciendo Su voluntad, Dios siempre estará con nosotros. Pase lo que pase. Siempre…

Como ahora, contigo.

¡Ah, casi me olvidaba! Estamos otra vez todos juntos. Pero en Egipto…

Capítulo 14

El abuelo

Como corresponde en estos casos, por la generosidad del faraón de recibir a toda mi familia y darles las mejores tierras de Egipto, organicé las presentaciones formales. Primero, seleccioné a cinco de mis hermanos para que fueran ante el faraón representando a la familia. Después, llevé a Papá personalmente e hice la presentación yo mismo.

Faraón quedó muy impresionado con Papá, a pesar de que preguntó específicamente a qué se dedicaba la familia. Ni pestañeó cuando recibió por respuesta que eran pastores de ovejas.

Lo más sorprendente fue que el faraón no solamente confirmó la asignación de las tierras de Gosén para la familia. Dentro de Gosén, había tierras súper especiales: la tierra de Ramsés. Esas fueron las tierras que el faraón concedió a mi familia.

Sin embargo, creo que lo correcto sería decir que Dios estaba cuidando a sus hijos especiales. Inmediatamente, recordé la promesa que Dios le hizo al bisabuelo Abraham: «En ti serán benditas todas las familias de la tierra». Aunque todavía no he podido saber cómo, dónde ni cuándo se cumplirá esta promesa. Lo que sí me doy cuenta es que debe ser muy importante para Dios si nos está preservando de esta manera en medio de esta crisis mundial.

En poco tiempo, Papá se instaló en su casa nueva y cada uno de mis hermanos con sus familias también. Construyeron los corrales para los animales y comenzaron a hacer buenos negocios con la comunidad local.

Todo marchaba sobre ruedas. La crisis mundial pasó y, lentamente, la tierra fue recuperándose.

Pasaron 17 años desde la llegada de mi familia a Egipto. Papá llegó a cumplir 147 años. Para nosotros son muchos, pero él le había dicho al faraón que fueron pocos comparados con los años de sus antepasados. Era cierto.

Un día, mandó a llamarme de urgencia.

—Papá, acá estoy. Vine tan pronto como pude —le dije después de darle un beso—. ¿Qué puedo hacer por ti? ¿Necesitas algo?

—Lo que voy a pedirte es tan importante que exige que sea bajo juramento —dijo Papá solemnemente y con voz entrecortada, mientras trataba de mantenerse en pie—. Me voy a sentar en la cama y pondrás tu mano derecha bajo mi muslo y jurarás.

—¿Qué es tan importante, Papá? —miré fijamente el rostro de mi anciano padre, intrigado.

—No quiero que me entierres en Egipto —pidió Papá—. Sé que pronto terminará mi peregrinación aquí y que tú cerrarás mis ojos. Júrame que me sacarás de Egipto y me sepultarás con mis padres.

—Haré lo que me pides —le respondí sinceramente y se lo juré, con la mano bajo su muslo, como era la costumbre de mi tierra cuando se hace una promesa firme.

Nuestros ojos se encontraron. Ambos nos dimos cuenta de que faltaba poco. No había tristeza ni temor; solo una sensación de misión cumplida.

—Ahora quiero que tú hagas algo por mí, Papá —le dije mientras me senté a su lado sobre la cama.

—Dime, hijo mío —me respondió.

—Quiero que bendigas a mis hijos —le pedí, sabiendo que sería la última vez que lo verían.

—Tráelos ahora —susurró asintiendo con la cabeza—. Falta poco.

*****

Cuando volví con mis hijos, Manasés, el mayor, y Efraín, el menor, Papá estaba acostado y muy extenuado. Le costó mucho incorporarse y sentarse al borde de la cama.

—José, hijo mío, cuando Dios me bendijo en la ciudad de Luz y me dijo que multiplicaría mi descendencia hasta llegar a ser una enorme nación —comenzó diciendo Papá mientras terminaba de acomodarse—, nos prometió las tierras de Canaán como nuestra herencia eterna.

Papá hizo una pausa para respirar profundo antes de retomar la conversación.

—A tus hijos Efraín y Manasés, que te nacieron en Egipto —siguió diciendo—, los voy a considerar tan míos como Rubén y Simeón. Pero todo hijo que tengas luego de ellos aquí en Egipto no será considerado entre mis hijos y recibirán su herencia dentro del reparto de sus hermanos mayores.

Los ojos de Papá veían muy poco y le costaba distinguir los rostros si no estaban muy cerca de él. Le resultaba más fácil reconocer las voces, y se dio cuenta de que yo no estaba solo. Distinguía dos figuras más a mi lado, pero no pudo darse cuenta de quiénes eran.

—¿Quiénes están contigo, hijo mío? —preguntó, haciendo un esfuerzo para reconocerlos.

—Son mis hijos, los que Dios me ha dado aquí en Egipto —le respondí.

—¡Ah! Acércalos, por favor, así puedo bendecirlos, José —dijo alargando los brazos.

Manasés tenía 21 años y Efraín 18, pero eran casi de la misma estatura y contextura. Eran muy parecidos. Papá los abrazó y besó con afecto a cada uno.

—Dios ha sido tremendamente bueno conmigo —suspiró Papá—. Cuando ya había perdido toda esperanza de volver a verte en este mundo, la misericordia infinita de Dios me ha regalado el verte nuevamente y además poder ver y besar a tus hijos, mis nietos.

Me acerqué y, tomando a mis hijos por los hombros, los aparté de Papá y los puse detrás de mí. Entonces me tendí en el suelo delante de mi padre con el rostro en tierra para honrarlo y humillarme delante de él.

Después de permanecer unos instantes así, me volví a levantar y coloqué a Manasés frente a la mano derecha de Papá y a Efraín delante de su mano izquierda. Yo quedé parado entre los dos muchachos. Papá cruzó las manos sobre las cabezas de Manasés y de Efraín y comenzó a bendecirlos.

—El Dios en cuya presencia anduvieron mis antepasados Abraham e Isaac, y que me mantiene con vida desde que nací, y el ángel que me protege siempre de todo mal, bendiga a estos jóvenes y sea perpetuado mi nombre en ellos y se multipliquen grandemente.

Pero como vi que le estaba dando la bendición del primogénito al menor, arranqué las manos de Papá sobre las cabezas de los muchachos. Yo estaba contrariado y un poco indignado. ¡Cómo podía equivocarse de esta manera!

—¡No, Papá! Así no, es al revés… —dije sin esconder mi enojo por su error y traté de cambiar las manos de Papá para colocarlas como yo creía que debía ser.

—Lo sé, hijo mío, lo sé —me respondió con paciencia, pero volvió a colocar las manos cruzadas—. Sin embargo, el hermano menor será más grande que el mayor. Manasés será una gran nación y también será bendecido, pero Efraín será padre de multitud de naciones.

Papá tendrá problemas de vista, pero no tiene problemas cuando se refiere a tener la visión de Dios sobre los sucesos de la historia, sobre el destino del hombre. Él tiene muy claro lo que es la soberanía de Dios. Las tradiciones, las costumbres y las formas culturales no tienen sentido frente al Dios de la vida.

Cuando un hombre de Dios, como Papá, quien se animó a luchar con el ángel de Jehová y lo abrazó en persona, dice algo, dicho está. Punto final. No se vuelve atrás. ¡Es así! Son palabras tan solemnes como las palabras de Dios.

Capítulo 15
La bendición

Eran las últimas horas de vida de Papá. Estaba acostado en su cama, muy débil, su respiración era un silbido agudo. Varios almohadones debajo de su espalda y su cuello lo mantenían reclinado para que no se ahogara.

Alrededor de su cama, estábamos los doce hermanos varones. Él nos había llamado para impartirnos su bendición final. Todos habían venido con muchas expectativas. Sin embargo, los rostros de la mayoría estaban duros como la piedra. Una mala señal.

Como les había dicho al comenzar mi relato, las palabras de Papá son tan solemnes como las de Dios. No hay vuelta atrás. Mis hermanos lo sabían perfectamente bien. Por eso, ninguno se animó a quejarse o pedir que cambiara sus palabras. Se resignaron. Agacharon la cabeza y supongo que habrán comenzado a hacer una mirada introspectiva... y a lamentarse.

Rubén, Simeón y Leví. Los primeros tres por ser los mayores. Las palabras de Papá fueron como espadas que los atravesaron. Quedaron petrificados. El ambiente estaba helado a pesar de que el sol derretía hasta las piedras en Gosén.

Le tocó el turno a Judá. Papá siempre respetó a Judá. Me impactaron sus palabras. Sin duda, Dios ha levantado a Judá por encima de todos los demás. En su descendencia estarán los reyes del futuro.

«Judá, te alabarán tus hermanos. Derrotarás a tus enemigos y todos tus hermanos se inclinarán delante de ti —temblaba la voz de Papá, quien hizo un esfuerzo enorme por incorporarse—. No será quitado el cetro de Judá, ni el legislador de entre sus pies, hasta que venga Siloh... y Él reinará sobre todos los reinos de la tierra».

Papá se dejó caer sobre los almohadones, tratando de recuperar el aliento. Temblaba como una hoja. Estaba haciendo un esfuerzo sobrenatural. A pesar del agotamiento total, sus ojos estaban muy abiertos, mirando hacia arriba, como viendo a un viejo amigo a quien no veía hacía mucho tiempo.

Miré a mis hermanos. ¿Habían escuchado a Papá? ¿Hasta que venga Siloh? ¿Quién es Siloh? ¿Estoy soñando o cuando Papá dijo Siloh miró hacia arriba? ¿Habrá visto espiritualmente a Siloh y lo habrá reconocido? ¿Dónde? ¿Cuándo?

¡El ángel de Jehová! Cuando luchó con él en Peniel. Allí lo vio. ¡Y ahora lo está viendo nuevamente! Recordé la historia de ese encuentro que cambió a Papá de la noche a la mañana.

Judá no dijo nada. No hizo nada. No preguntó nada. ¡Nada! Sin embargo, ¡sus ojos demostraban otra cosa! Sí, a él también lo impactó. Tengo que hablar con él después, me dije.

Mientras tanto, Papá les habló a Zabulón, Isacar, Dan, Gad, Aser y Neftalí...

«Rama fructífera es José —presté atención a las palabras de Papá porque era mi turno—. Rama fructífera junto a una fuente, cuyos vástagos se extienden sobre el muro. Le causaron amargura, le asaetearon, y le aborrecieron los arqueros...».

Papá está hablando de mí, de mis hijos... y de lo que hicieron mis hermanos contra mí.

«Mas su arco se mantuvo poderoso, y los brazos de sus manos se fortalecieron por las manos del Fuerte de Jacob, por el Dios de tu padre, el cual te ayudará, por el Dios Omnipotente, el cual te bendecirá...».

Todos me están mirando. Mis hermanos me están mirando con respeto. Me están mirando con honra. ¡Oh Dios, por fin siento que el odio ha desaparecido. Ya no hay hostilidad.

«Tu ayuda vino del Dios que adoraba tu padre, del Dios Todopoderoso, que te bendecirá con muchos descendientes. Hijo mío, mis bendiciones son mejores que las promesas hechas a mis antepasados de montes antiguos y eternos. José, estas bendiciones serán sobre ti, porque tú eres el líder de tus hermanos», concluyó Papá.

Papá terminó con unas palabras para Benjamín, pero los ojos de todos seguían clavados en mí. Del cansancio, Papá se quedó dormido profundamente. Yo estaba cerca de la puerta. Mis hermanos fueron pasando junto a mí al salir, y uno a uno, fueron poniendo sus manos sobre mi hombro.

*****

No pude volver al palacio. Demasiadas emociones juntas. Necesitaba tiempo para procesar todo lo que había sucedido en tan poco tiempo. Fui a casa y me senté en mi sillón preferido mientras miraba hacia afuera. No sé cuánto tiempo estuve allí.

Dos sueños... Doce fardos... Doce estrellas con el sol y la luna... me decía una y otra vez.

Si Dios es capaz de poner dos sueños así en la vida del adolescente que fui hace tantos años, debe ser capaz de hacer cualquier cosa. Si Dios es capaz de sacar a un ser despreciado por sus hermanos como lo fui yo en mi adolescencia desordenada del fondo de una cisterna sin agua y sentarlo en el trono del reino más poderoso de la Tierra para intervenir en la historia de la humanidad, debe ser porque nos ama a todos muchísimo más de lo que podemos imaginar. ¿Será capaz de algo más que esto?

También fue Él quien me dio la capacidad de interpretar los sueños de tres hombres. Yo no estudié adivinación... Dios es asombroso. ¡Puede poner conocimientos en nuestras mentes sin tener que estudiar!

Me parece que acabo de descubrir algo... Dios puede hacer todo lo que desea. No hay nada imposible para Él. Nada. Estoy comenzando a entender cómo funciona la soberanía de Dios. También que lo que hace responde a un plan muy, muy bien diseñado y llevado a cabo.

Pero, por alguna extraña razón, ha decidido no hacerlo solo. Nos está invitando a participar con Él. No desea que seamos meramente espectadores, sino protagonistas en su obra de restauración de un mundo necesitado. Solamente hace falta que respondamos que estamos dispuestos y disponibles. Él se ocupará de los detalles; es Su especialidad.

Estaba tan concentrado en mis pensamientos que no noté que Asenat había entrado y estaba observándome.

—Un dátil seco a cambio de tus pensamientos, mi amado esposo —dijo tan sensualmente que me derritió por completo.

—¿Qué hubiera pasado si no compartía mis sueños con mis hermanos y mi padre? —respondí en voz baja, mientras tomé a Asenat y la senté en mi falda, mientras le acariciaba el lacio cabello largo y negro que caía sobre sus hombros blancos.

—¡Tú dímelo, hombre sabio! —me susurró Asenat en el oído.

—Nunca habría llegado a Egipto, no habría podido interpretar el sueño del faraón y tampoco te habría... —comencé a usar mi lógica, pero ella levantó el dedo índice y me selló los labios con ternura.

CAMPEONES DE LA VIDA

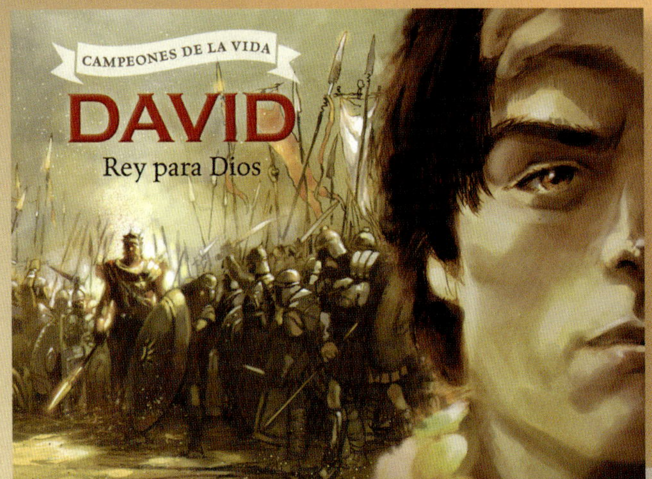

ISBN 978-1-4336-8836-2

ISBN 978-1-4336-8843-0

¡Disponible ya!

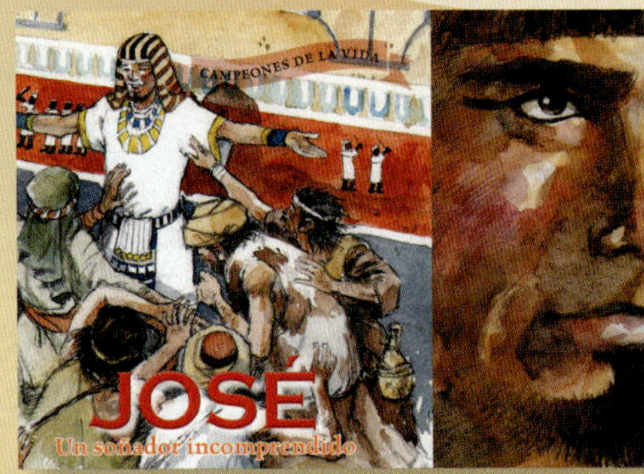

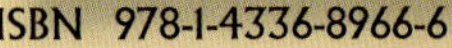

ISBN 978-1-4336-8966-6

ISBN 978-1-4336-8970-3

Próximamente

Poesía para niños

ISBN 978-1-4336-8727-3

ISBN 978-1-4336-8980-2

¡Disponible ya!

"Hacemos poesía para niños porque los juegos de palabras, su música y encanto favorecen la capacidad de soñar, de poner el mundo de cabeza para buscar ese grano de mostaza que nos hace ver lo invisible."—Sandra De la Torre

"Escribo poesía para niños porque nunca dejé de sentirme niña y nunca olvidé lo que era descubrir el mundo. Además, creo que los niños necesitan textos que les lleven a sí mismos. La poesía es mi lenguaje natural, como tomar agua, respirar…"—Marialuz Albuja

LA GRAN HISTORIA

¡Disponible ya!

Cuéntales a los niños la gran historia de Dios con este libro innovador e interactivo de historias bíblicas. Incluye 145 historias acompañadas de ilustraciones originales a todo color, una sección de «Conexión con Cristo» que les muestra a los niños cómo el plan divino de salvación mediante Jesús aparece en toda la Biblia, y una aplicación gratuita de realidad aumentada que hace que la ilustración y la historia cobren vida tanto en lo visual (en 3D) como en lo auditivo.

Estos libros de historias bíblicas para niños hacen que la Palabra de Dios cobre vida de una manera nueva, para que los niños puedan aprender cómo Jesucristo es el hilo conector de la Biblia. Entender este concepto importante a temprana edad formará el crecimiento espiritual del niño y aumentará su fe.

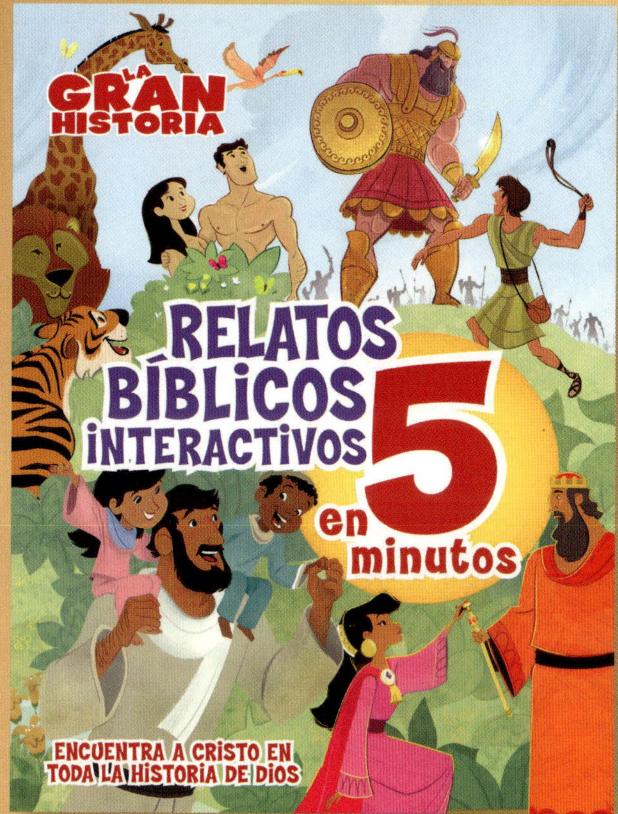

ISBN 978-1-4336-8956-7

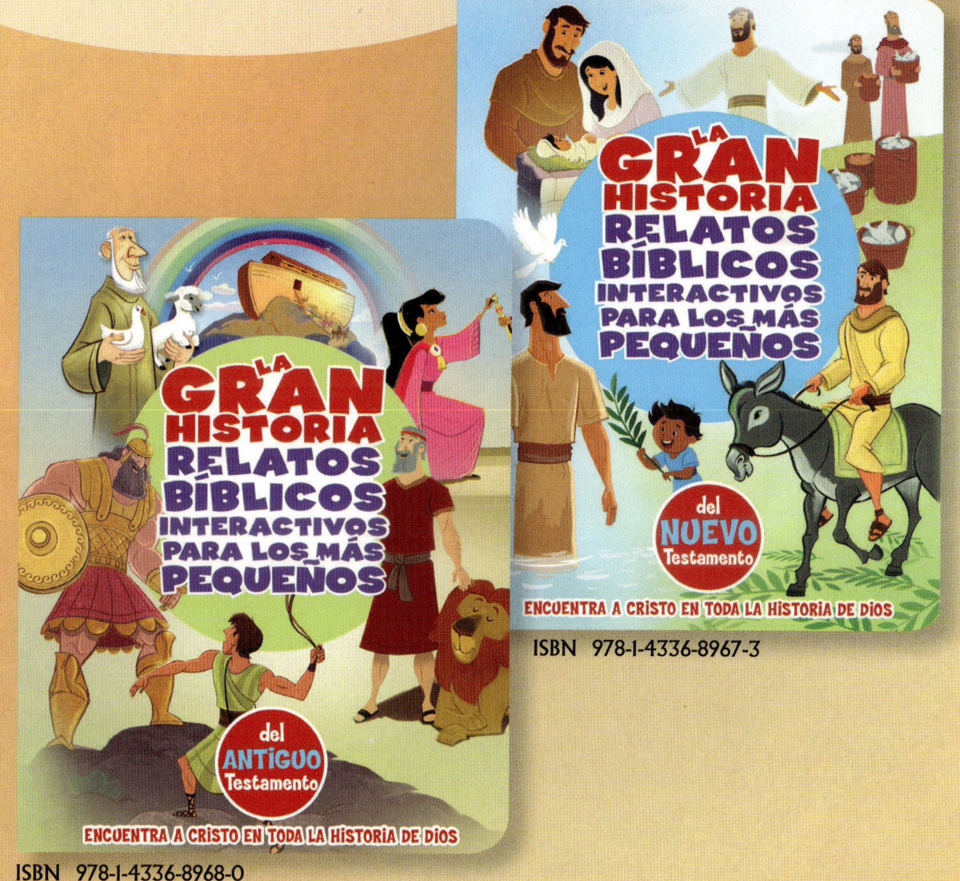

ISBN 978-1-4336-8968-0

ISBN 978-1-4336-8967-3

Esto libros incluyen un app con más de 100 fotos de realidad aumentada que ayudarán a que las historias cobren vida ante los ojos de los niños, y los códigos QR vinculan a clips de video en más de una decena de historias clave.

Otros titulos de B&H

ISBN 978-1-4336-9189-8

Próximamente

ISBN 978-1-4336-8979-6

¡Disponible ya!